Guia para iniciantes do SAP® Controlling

Ashish Sampat

Obrigado por adquirir este livro da Espresso Tutorials!

Tal como uma xícara de café expresso, os livros de SAP da Espresso Tutorials são condensados e efetivos. Sabemos que o seu tempo é valioso, por isso, fornecemos informações de forma sucinta e direta, assim, nossos leitores gastam pouco tempo consumindo os conceitos de SAP. Nossos livros de SAP são reconhecidos no mercado por utilizarem instruções e vídeos em estilo tutorial para mostrar, passo a passo, como trabalhar com SAP obtendo bons resultados.

Acesse o nosso canal no YouTube e assista aos nossos vídeos em *https://www.youtube.com/user/EspressoTutorials*.

Se você tem interesse por SAP Finance e Controlling, participe do fórum *http://www.fico-forum.com/forum2/* a fim de obter respostas às suas questões e contribuir para as discussões sobre SAP.

Ashish Sampat
Guia para iniciantes do SAP® Controlling

ISBN:	978-1-979758-42-0
Editor:	Alice Adams
Design de capa:	Philip Esch, Martin Munzel
Foto de capa:	istockphoto #13841366 ©YanLev
Tradução:	ProLinguo
Proofreading:	Daniela Yamamoto-Tew
Design interno:	Johann-Christian Hanke

Todos os direitos reservados.

1ª edição 2017, Gleichen

© 2017 por Espresso Tutorials GmbH

URL: *www.espresso-tutorials.com*

Comentários
Agradecemos qualquer tipo de comentário que você tenha sobre este livro. Envie um e-mail para *info@espresso-tutorials.com*.

Sumário

Agradecimentos

Alguns anos atrás, um colega apresentou-me um livro com o título *A Meta: Um Processo de Melhoria Contínua*, de Eliyahu M. Goldratt. O romance de negócios best-seller explicava a teoria das restrições de uma maneira muito fácil de entender. Fiquei espantado com a explicação simples de um assunto tão complexo. Li o livro várias vezes e, cada vez que o lia, aumentava a minha admiração pelo autor.

Recentemente, enquanto estava resumindo uma concepção do SAP de um cliente a um colega consultor, ele me perguntou de repente se eu estava pensando em escrever um livro sobre SAP. Fui pego de surpresa, mas pensei que afinal nem era uma má ideia. Decidi esperar pela oportunidade certa para abarcar este projeto.

A oportunidade surgiu quando a equipe da Espresso Tutorials veio falar comigo sobre um potencial projeto de livro. Há poucos livros que apresentam o SAP Controlling e pensamos que os leitores poderiam se beneficiar de um livro sobre este tema. Enquanto trabalhava no esboço do livro, surgiu-me a ideia de seguir o formato utilizado no *A Meta*. Este livro é visto através dos olhos de Alex, um profissional financeiro que está iniciando o seu novo trabalho como analista de custos de fábrica na Global Confectioners, Inc.

Quero agradecer à equipe da Espresso Tutorials, particularmente a Martin Munzel, por me dar a oportunidade de escrever este livro; e a Alice Adams que, diligente e pacientemente, editou o livro enquanto me encorajava constantemente a incorporar sugestões de formatação e conteúdo.

Também quero agradecer à minha família, amigos, colegas e colegas consultores da SAP, por sempre me motivarem e apoiarem enquanto escrevia este livro. Particularmente à minha mulher, Meenal, e aos nossos filhos, Megha e Jash, que me deram todo o apoio para poder ter tempo para concluir o documento.

Deu-me prazer escrever este livro e espero que tenham prazer em lê-lo.

Prefácio

A natureza integrada do software de negócios SAP fica mais fácil de compreender quando entendemos os meandros do SAP Controlling. Este livro destina-se a iniciantes que gostariam de obter um panorama do módulo de SAP Controlling.

Integrado ao panorama da Global Confectioners, Inc. (GCI), uma empresa fictícia de produção de chocolate, e às suas instalações de produção Chocotown, este livro transporta o leitor por vários cenários do cotidiano de várias funções-chave: sistema financeiro da fábrica, produção, controle do inventário e sistemas de informação. Visto através dos olhos do Alex, que está aprendendo o seu novo trabalho como analista de custos de fábrica na GCI Chocotown, o leitor é apresentado a conceitos do SAP Controlling com diferentes exemplos identificados deste enredo. Alex aprende algo de novo todos os dias com a ajuda do seu gestor, assim como dos seus colegas na GCI.

Este livro explica alguns dos conceitos complexos do SAP Controlling usando uma abordagem de estudo de caso. As personagens no enredo interagem através do diálogo e de questões, e os conceitos são explicados usando exemplos do tema com o qual a equipe está lidando.

Este livro é uma leitura ideal para qualquer pessoa que queira compreender o módulo do SAP Controlling e a sua integração com outros módulos. Seja você novo em uma organização que usa o software de negócios SAP, um membro de uma equipe de implementação do SAP ou um profissional financeiro que quer simplesmente conhecer o software de negócios SAP, este livro vai dar respostas a muitas das suas questões. São adicionalmente fornecidas capturas de tela com exemplos, de modo a poder visualizar eficazmente o fluxo de dados.

Nós adicionamos alguns ícones para destacar informações importantes. São eles:

Dica

As dicas destacam informações, fornecendo mais detalhes sobre o assunto descrito e/ou informações básicas adicionais.

Exemplo

Os exemplos ajudam a ilustrar melhor um tópico, estabelecendo relações com cenários reais.

Aviso

Os avisos chamam a atenção para informações sobre as quais você deve estar ciente quando estiver trabalhando nos exemplos deste livro por conta própria.

Finalmente, uma observação com relação a direitos autorais: Todas as capturas de tela impressas neste livro são de direitos autorais da SAP SE. Todos os direitos são reservados à SAP SE. Os direitos autorais são relativos a todas as imagens do SAP nessa publicação. Para simplificar, não mencionaremos os direitos especificamente em cada captura de tela.

1 As personagens: Quem é quem na GCI?

Global Confectioners, Inc. (GCI) é uma organização fictícia que produz chocolates e outros produtos de pastelaria. Vamos usar a GCI como um estudo de caso para percorrer os cenários reais que utilizam o SAP Controlling em instalações de produção. Tal como qualquer outra organização de produção, a GCI tem um controlador financeiro (por vezes também designado por controlador de custos ou simplesmente um controlador), um gestor de produção, um controlador de inventário e o pessoal de apoio à TI no local. Este livro é escrito através dos olhos de Alex, um analista de custos de fábrica que se juntou recentemente à GCI. Alex nunca tinha utilizado anteriormente o software SAP e é um candidato ideal para fazer esta viagem com você, o leitor.

1.1 Alex: analista de custos de fábrica na GCI

"Bem-vindo à Global Confectioners, Inc.", foi assim que Alex foi cumprimentado por Iris, a gestora dos recursos humanos. Alex conheceu Iris durante a entrevista e o processo de contratação e estava, de certo modo, familiarizado com ela.

Alex estava entusiasmado para começar o seu novo trabalho como analista de custos de fábrica na GCI nas suas instalações de produção em Chocotown. Nos dois últimos anos, Alex trabalhou para a Fork-o-Lift Works (FLW) executando um cargo semelhante. A diferença entre as empresas é que a GCI está em uma indústria baseada no processo, enquanto que a FLW estava na indústria de produção discreta. Alex estava ansioso por aprender mais sobre esta indústria e ambicionava novos desafios na carreira.

Alex foi para a FLW assim que saiu da faculdade. Os dois últimos anos foram repletos de aprendizagem no trabalho. Um analista de custos de fábrica não é necessariamente um perito em números, mas é importante que a pessoa entenda os sistemas e os processos de negócios financeiros utilizados por uma organização. As pessoas são parte integrante dos processos e sistemas e não é apenas importante saber quem é quem, é importante também saber quem faz o quê.

"Vamos começar revendo alguma documentação dos recursos humanos e depois vou lhe apresentar o seu gestor, o Bruno", disse Iris. Felizmente, Alex lembrou-se de trazer os documentos que eram exigidos para concluir a papelada necessária. Era tudo muito parecido com a papelada que ele precisou para a FLW, apenas um nome e um logotipo de empresa diferente. "Vamos ver se as coisas vão ficar mais interessantes daqui em diante", pensou Alex.

"OK, Alex, agora que arrumamos a papelada, vou acompanhar você ao escritório do Bruno e aí já será com ele", disse Iris. Assim que chegaram ao escritório do Bruno, Iris disse, "Não hesite em falar comigo se tiver alguma pergunta ou preocupação".

"Claro, muito obrigado", disse Alex.

1.2 Bruno: controlador de fábrica e gestor do Alex na GCI

"Ainda bem que você chegou!" disse Bruno. "Estamos contentes por termos encontrado uma pessoa brilhante como você para se unir à nossa equipe".

Alex fazia anotações enquanto Bruno explicava a estrutura do departamento e as funções e responsabilidades de Alex.

"Brevemente vamos começar o nosso processo de planejamento do orçamento anual e eu quero colocar você a par dos pormenores do orçamento do último ano. Aqui está o arquivo que o seu antecessor, Kevin, preparou. Analise e depois levante as questões que quiser". Bruno apontou para uma pasta volumosa. "Você já trabalhou antes com o software SAP"?, perguntou Bruno.

"Não", disse Alex, "na empresa onde eu trabalhava antes, a FLW, nós tínhamos um sistema desenvolvido internamente. Mas já ouvi falar muito do SAP através de outros amigos e colegas que trabalharam com o SAP e estou ansioso por saber mais".

"Não se preocupe", disse Bruno. "Leia este manual de formação que a nossa equipe de TI elaborou. Tem aí muita informação interessante. Vai lhe dar uma boa perspectiva das definições do sistema. A leitura atenta deste material vai mantê-lo ocupado nos próximos três, quatro dias. Enquanto isso, vamos dar-lhe acesso ao sistema".

Alex estava curioso e queria saber que tipo de manual de formação demoraria de três a quatro dias para ser lido. Espero que tenha exemplos detalhados, pensou ele, senão uma pessoa perde facilmente o interesse.

Bruno continuou, "Recentemente estamos tendo alguns problemas com o nosso relatório mensal de ordens processuais. Os números que registramos não correspondem aos relatórios da equipe de produção. Gostaria que você se envolvesse com este assunto assim que pudesse. Outra área que exige a sua atenção imediata é a das questões sobre a avaliação de estoque que o pessoal de controle de estoque tem em mãos".

Alex respondeu: "Claro, farei o melhor que puder".

"Venha cá, deixe-me apresentar você à equipe". Bruno levantou-se e caminhou em direção à porta.

O cheiro do cacau chegou logo ao nariz de Alex, assim que entraram no chão de fábrica onde estava a ser produzido chocolate. Ele estava ansioso para conhecer a equipe.

1.3 Carlos: gestor de produção na GCI

"Alex, este é o Carlos. Ele é responsável pela produção e será o seu primeiro ponto de contato para quaisquer questões que você possa vir a ter em termos de produção. Carlos, o Alex está substituindo o Kevin e vai tratar das suas questões relacionadas ao custeio".

"Bem-vindo, Alex. Prazer em conhecê-lo. Estou ansioso para trabalhar com você". Carlos cumprimentou Alex.

Bruno disse ao Carlos, "Ainda vou olhar para a sua questão sobre as variações de ordens do processo de ontem, em breve respondo algo".

"Não se preocupe, Bruno, entendo", disse Carlos. "Vamos adicionar uma nova linha no próximo mês e eu vou estar bastante atarefado nas próximas semanas, portanto, também não terei muito tempo para me dedicar às questões rotineiras, mas trataremos disso. Aliás, vou ter uma reunião com alguns fornecedores e tenho que me apressar, a gente se vê mais tarde". Carlos saiu do seu escritório, Alex e Bruno saíram também.

1.4 Diego: controlador de estoque na GCI

"Esta é a nossa área de recepção e armazenamento de matéria-prima", disse Bruno. "Como você pode ver, este é o ponto de partida para as nossas operações na fábrica. Gostaria de lhe apresentar Diego, que é o responsável por esta área".

Alex observou todos os tambores, paletas, caixas e estantes à sua volta.

"Diego, quero lhe apresentar o Alex, hoje ele acabou de se unir a nós como o novo analista de custos de fábrica", disse Bruno.

"Ah sim, para o lugar do Kevin, não é?" disse David. "Estávamos à sua espera. Bem-vindo à GCI. Na verdade, a minha equipe e eu estávamos há pouco olhando para um relatório de estoque e tivemos algumas dúvidas sobre a avaliação. Talvez você possa nos ajudar assim que se estabelecer e se familiarizar. Entretanto, tenho que trocar ideias com Bruno".

1.5 Elisa: apoio financeiro TI na GCI

"Alex, todas as pessoas que você conheceu até agora são membros da equipe interfuncional", disse Bruno. "No entanto, a pessoa para a qual o irei apresentar a seguir é uma espécie de extensão da nossa função financeira",

"Elisa, este é o Alex. Ele acabou de se juntar à minha equipe hoje. Eu pedi a ele para analisar o nosso manual de formação financeira, em cujo desenvolvimento eu sei que você esteve envolvida. Alex, esta é a Elisa, ela tem fortes conhecimentos sobre a configuração geral do nosso sistema SAP, particularmente nas áreas financeira e de custeio. Eu considero a Elisa um grande trunfo na nossa organização de apoio TI. Eu recorro a ela muitas vezes e aposto que você também vai recorrer".

"Uau", disse Elisa. "Você está exagerando muito, Bruno. Bem-vindo, Alex. Será um prazer trabalhar com você. Tal como o Bruno disse, analise o material de formação e se tiver perguntas, fale comigo".

"Gostei de conhecer você e obrigado pela ajuda", disse Alex.

Mas que dia, pensou Alex. Tenho que me apressar para poder ajudar a equipe em todas essas questões.

2 Controle: O que estamos tentando controlar afinal?

"Aquele que controla outros pode ser poderoso, mas aquele que superou a si mesmo é ainda mais poderoso."
— Lao Tzu

O termo *controle* pode ser definido como o processo de canalizar esforços em uma direção particular, no sentido de um objetivo específico. Ele também inclui a correção do curso conforme necessário, para atingir o objetivo definido. No contexto deste livro, *controle* refere-se ao controle de custos, particularmente no planejamento dos recursos da empresa (Enterprise Resource Planning – ERP) do SAP. Neste capítulo, vamos abordar os módulos e as áreas funcionais que são normalmente utilizados em uma organização de produção que usa o software SAP como o seu sistema de registro.

2.1 Visão geral do controle

Alex sentou-se e abriu o Manual de Formação Financeira. Ele estava ansioso para aprender o software SAP. Alex começou a ler. O manual fornecia uma visão geral do sistema do software SAP e mostrava como a GCI reconheceu o valor nos processos de racionalização ao implementar o SAP. Várias páginas forneciam instruções passo a passo sobre como entrar no sistema SAP. Alex teria que esperar até ter acesso ao sistema da GCI, para ele próprio poder tentar os passos, mas podia ir revendo o manual de formação até lá.

No manual podiam ser encontrados mais detalhes sobre os vários módulos no SAP. Alex começou a fazer anotações.

2.1.1 Módulos SAP

Gestão de Materiais (MM)

Começa com o abastecimento de materiais para a organização através de uma ordem de compra, mas a *gestão de materiais* também trata do movimento de materiais dentro e entre vários departamentos. A MM fornece matéria-prima e outros componentes para produção. Assim que os produtos são produzidos, o software permite inventariar os materiais no armazém, prontos para serem despachados quando necessário. O software SAP registra uma transação financeira (na maior parte das vezes) quando os bens são deslocados dentro, para dentro ou para fora da organização. Os fornecedores submetem faturas que serão pagas mais tarde (dependendo das condições de pagamento), completando assim o ciclo *procure-to-pay* (abastecimento-pagamento). Alex lembra-se que na FLW chamavam a isso um ciclo source-to-pay (origem-pagamento).

Planejamento de Produção (PP)

O *planejamento de produção* usa, através da funcionalidade de planejamento de necessidades de materiais (MRP), a informação das ordens de venda, a previsão dos pedidos e o estoque disponível para elaborar o plano de produção/aprovisionamento. O módulo de planejamento de produção acompanha a produção de materiais semiacabados e acabados e os coloca prontos para o próximo nível de consumo ou expedição. Ao fazer isso, o sistema SAP usa materiais fornecidos pela gestão de materiais e usa horas de trabalho e horas-máquina internas, assim como os custos indiretos, para produzir os materiais para calcular os números para relatórios. Também aqui é registrada uma transação financeira quando os bens são deslocados dentro, para dentro ou para fora do departamento de produção. Alex conseguiu relacionar isso com o ciclo de execução da fábrica na FLW.

Vendas e Distribuição (SD)

O módulo *vendas e distribuição* acompanha a atividade desde o início de um pedido do cliente, converte-o em uma ordem de venda, que mais tarde é seguida de um despacho e, por fim, é criada uma fatura. O ciclo termina quando o cliente faz o pagamento (na FLW chamavam-lhe o ciclo order-to-cash (ordem-pagamento)). Alex não esperava que uma transação financeira fosse criada durante as fases do pedido e ordem de venda, mas ele rapidamente conseguiu relacionar as fases de despacho, faturação e pagamento e as transações executadas em cada fase.

Finanças (FI) e Controle (CO)

Agora que Alex entendeu a funcionalidade da cadeia de fornecimento e de que modo isso se mapeia com o módulo da MM, PP e SD, ele entendeu como estas transações foram registradas no módulo financeiro. Sempre que ocorrer um movimento de bens ou uma transação de impacto financeiro, o software SAP registra imediatamente a transação financeira. A transação é depois normalmente introduzida no ledger geral (GL), juntamente com as contas a receber (AR) e as contas a pagar (AP). Cada um dos registros de transação beneficia-se da informação central e fornece mais detalhes para relatórios.

Tudo fazia sentido para Alex, mas ele não conseguia compreender que papel desempenhava o módulo de SAP Controlling na estrutura. O manual de formação financeira continuava dizendo que o SAP Controlling tinha a ver com o registro de transações internamente na organização. Lidava com a Contabilidade de classes de custo (CEA), Contabilidade de centro de custos (CCA), Gestão de custos indiretos (OCM), Custeio baseado na atividade (ABC), Custeio do produto (PC) e Análise de rentabilidade (PA); e tudo isto suporta os requisitos de registro internos. Adicionalmente, os sistemas do projeto (PS) permitem acompanhar um projeto de capital e a sua eventual conversão para um ativo fixo no módulo da contabilidade de imobilizado (AA). Tanto a FI como o CO são partes integrantes do ciclo registro-registro ou contabilidade-registro. FLW chamava este processo de financeiro-registro. Um nome diferente, mas o mesmo conceito.

2.2 A ligação com a FI

"A FI é sobre a coleta de dados e o relatório externo, enquanto o CO é sobre o relatório interno" estava destacado com letra grande, e negrito. Alex podia apoiar-se na sua experiência anterior no que dizia respeito ao relatório de entidade legal e entrega de relatórios a agências externas. Ele teve que preparar um balancete, uma folha de balancete e uma declaração de rendimentos, juntamente com vários outros relatórios, como demonstrações de fluxos de caixa, política contabilística e outras demonstrações contábeis conforme os requisitos do seu antigo empregador e a lei da região.

A informação não financeira, tal como o volume de produção, não é registrada no balancete. Porém, pode ser uma importante estatística com possibilidade de ser exigida para relatar o desempenho à administração. Isto significaria que deveria haver algo que registrasse a informação para além do que é exigido para o relatório (legal) externo. É a isto que se chama controle?

A diferença entre a FI e o CO

 A Contabilidade financeira (FI) é sobre a recolha de dados e relatórios externos, enquanto o Controle (CO) é sobre o relatório interno. A FI e o CO complementam-se em grande medida. O software SAP é um sistema integrado e todas as transações financeiras são captadas na contabilidade financeira. O controle suporta os requisitos de relatório interno.

Então, por que não ter um módulo único e chamá-lo de financeiro, ou relatório, ou outra coisa qualquer? Pensou Alex. Ele continuou lendo. Isto é um sistema integrado, e todas as transações são captadas na contabilidade financeira. O controle suporta os requisitos de relatório interno.

Se Alex quisesse fazer algum tipo de alocação dos custos, para remeter custos de um centro de custos a outro, a FI podia fazer isso. No entanto, seria muito lento introduzir esse tipo de alocação sempre que ocorresse a transição de origem. O software da GCI foi programado para realizar as alocações no final do mês.

OK, pensou Alex, a GCI tem que usar o controle como parte das metas do encerramento do mês.

O encerramento do mês tem muitas tarefas para além da alocação dos custos. Por exemplo, o cálculo de depreciação ocorre na contabilidade de imobilizado (AA), avaliação de moeda estrangeira e lançamentos de provisionamentos no GL. A reconciliação bancária também se realiza nos módulos Bancos e Tesouraria (TR), etc., todas estas tarefas são tratadas na FI. O CO passa pelo número de trabalho em curso (WIP) para a FI através do módulo de custeio do produto, e permite captar certos custos com mais detalhe. Por exemplo, o custo de depreciação, que pode ser obtido ao nível do centro de custos, permite uma quebra onde os custos incorreram. A FI pode ser comparada a um rio grande que traz dados de todos os afluentes (módulos) e depois permite o relatório interno através do CO e o relatório externo através da FI.

Alex escreveu nas suas anotações "A FI e o CO complementam-se em grande medida, mas podem não conseguir sobreviver sozinhos porque dependem um do outro". Ele pensou que agora entendia o cerne da ligação entre os dois módulos. Ele estava ansioso para saber e aprender mais sobre a FI e o CO.

2.3 Ligações a outros módulos SAP

O manual de formação financeira cobria interessantes ligações adicionais entre os vários módulos e o controle. Existem ligações entre os módulos PP, SD e MM, mas Alex estava mais interessado nas ligações entre a funcionalidade da cadeia de fornecimento e os módulos FI e CO, uma vez que era nisso que o seu trabalho iria focar-se.

2.3.1 MM e CO-PC

Os custos padrão de materiais adquiridos são calculados no início do período no controle do custeio do produto (CO-PC). O custo padrão é depois usado para avaliar o estoque, assim como os movimentos dos bens registrados durante o mês na gestão de materiais (MM)

2.3.2 MM e FI-GL + FI-AP + CO-PC

O preço real na ordem de compra (da MM) e sobre a recepção da fatura do fornecedor (de FI-AP) acompanha a variação do preço de compra na contabilidade (em FI-GL) comparativamente com o preço padrão do material (parte de CO-PC).

2.3.3 PP e CO-PC

O custo da matéria-prima é derivado utilizando quantidades da lista de material (BOM) multiplicadas pelo preço de aquisição da matéria-prima. O custo de conversão é derivado utilizando a quantidade de atividade do encaminhamento multiplicada pela taxa de atividade predeterminada. A BOM e o encaminhamento/receita (a receita contém os passos para fabricar um produto) fazem parte do módulo de planejamento de produção (PP). A produção e as ordens do processo registram custos durante o ciclo de vida das ordens e permitem cálculos WIP/variações no final do mês.

2.3.4 PP e CO-ABC

As ordens de produção/processo usam tipos de atividade que estão confirmados durante a produção para registrar as horas de trabalho e as horas-máquina. Usam taxas de atividade predeterminadas através do custeio baseado em atividade (CO-ABC)

2.3.5 MM e FI + CO-PC

As ordens de fornecimentos são diretamente imputadas a um centro de custos. As matérias-primas são inventariadas para o balancete. O consumo de matéria-prima é registrado em ordens.

2.3.6 MM e FI-AA

O capital para a compra de equipamento é registrado em um ativo ou projeto de capital (parte de FI-AA).

2.3.7 SD e FI-GL + FI-AR + CO-PA

As vendas aos clientes são registradas no FI-GL e FI-AR no momento de faturação ao cliente. Adicionalmente, a análise da rentabilidade (CO-PA) reúne esta informação no relatório multidimensional, conhecido como características e campos de valores.

2.3.8 SD e CO-CCA/CO-OM

As amostras enviadas para os clientes podem ser cobradas a um centro de custos específico (contabilidade de centro de custos – CO-CCA) ou de ordens internas (gestão de custos indiretos CO-OM) para efeitos de acompanhamento futuro e relatórios.

O manual de formação continuava reportando que **o controlador de MRP e o controlador financeiro são as duas funções mais poderosas em um ambiente SAP.** O controlador de MRP decide o que produzir e quando produzi-lo, enquanto o controlador financeiro acompanha todos os custos e variações na fábrica. No entanto, tudo isso depende da procura. Assume-se que existe uma procura constante do produto.

Papel do controlador de MRP e do controlador financeiro

 O controlador de MRP e o controlador financeiro são frequentemente vistos como dois cargos-chave em uma organização que usa o software de negócios SA.

Alex lembrou-se de ter lido sobre como instalações de produção têm que assegurar a produção de um produto de qualidade a níveis otimizados de estoque, ao mesmo tempo que acompanham de perto os custos. Ele apercebeu-se que o CO o ajudaria a realizar as tarefas no seu cargo na GCI, desde que usasse eficazmente as ferramentas disponíveis e os processos relacionados.

3 Estrutura de organização do controle: Está tudo em família

> *"Não posso fazer um homem confiar em outros se não*
> *confiar nele mesmo."*
> — *Robert E. Lee*

Cada organização tem vários departamentos ou funções que são responsáveis pela implementação de planos estratégicos, concretizando-os e fazendo a gestão das operações do dia a dia. Este tipo de estrutura funcional ou departamental é apresentada também no sistema de negócios. Este capítulo fornece uma visão geral sobre a estrutura de organização de controle no software de negócios SAP.

Alex continuou lendo o manual de formação financeira e deparou-se com um capítulo sobre a estrutura da organização. Havia um diagrama que apresentava a estrutura geral da organização na GCI (consultar Figura 3.1).

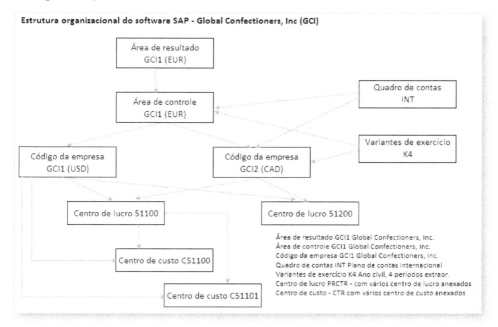

Figura 3.1: Estrutura da organização do software SAP da GCI

O manual de formação continuava a explicar a importância da estrutura de organização do software SAP.

A *estrutura de organização do software SAP* é fundamental à estrutura geral, na qual os dados-mestre e os dados de transação são definidos no SAP. É essencialmente o pilar do sistema. A concepção precisa e a organização da estrutura de organização do software são um passo crítico na implementação do SAP, tendo em conta que é extremamente difícil mudar a estrutura uma vez concebida, configurada e assim que os dados de transação forem colocados.

A estrutura de organização do software SAP reflete a própria estrutura organizacional do negócio, reportando os requisitos e os processos no sistema SAP

Uma estrutura de organização da empresa é mapeada para a estrutura de organização do sistema SAP. Isto é feito antecipadamente em projetos de implementação do SAP. A ideia é garantir que todos os processos de negócios são capazes de funcionar sem percalços, não apenas de um ponto de vista do processamento transacional, mas também de um ponto de vista do relatório interno e externo.

O código da empresa é definido com base em entidades legais. Uma vez que a GCI tem mais do que uma entidade legal, foram definidos múltiplos códigos da empresa (por exemplo, GCI1, GCI2, etc.) para facilitar o relatório externo. No entanto, existe apenas uma área de controle que permitirá consolidar o relatório interno.

3.1 Quadro de contas

O *quadro de contas* é uma lista das contas geral do ledger. As contas são classificadas, grosso modo, em ativos e passivos, e depois mais detalhadamente conforme exigido pela organização. SAP é um sistema integrado e todas as transações são registradas nas finanças com contas GL que permitem recolher dados. O quadro de contas fornece uma estrutura para registrar as transações, de modo a assegurar uma apresentação precisa da saúde geral financeira e operacional da organização.

O quadro de contas pode ser utilizado em múltiplos códigos de empresas e fornece uma definição comum a todas as empresas. Adicionalmente, agiliza a consolidação financeira dos registros financeiros da empresa transversalmente a múltiplas entidades legais.

Sendo uma empresa global, a GCI adotou um quadro de contas internacional (INT) que permitiria a captação de ativos, passivos, faturação e despesas consoante padrões de contabilidade internacional.

O quadro de contas é mantido com a configuração da transação OB13 (consulte a Figura 3.2). O caminho do menu é o seguinte: CONTABILIDADE FINANCEIRA (NV.) • CONTABILIDADE GERAL NOVA • DADOS MESTRE • CONTAS DO RAZÃO • PREPARAR • PROCESSAR LISTA DE PLANOS DE CONTAS.

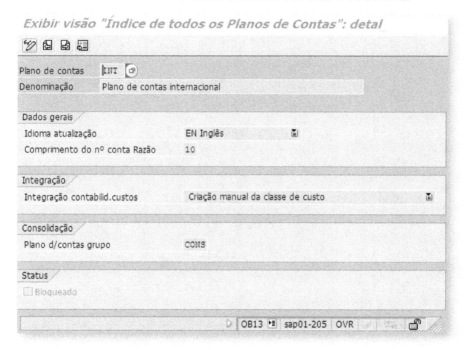

Figura 3.2: OB13 — Quadro de contas

3.2 Variante de exercício

A *Variante de exercício* identifica o calendário financeiro e de relatórios para uma organização. GCI, tal como a maioria das empresas, usa um mês do calendário como o calendário de relatórios e adotou a variante de exercício K4. Quatro períodos permitem compartimentos adicionais opcionais para o relatório financeiro trimestral/anual. A configuração da variante de exercício é mantida com a transação OB29 (consulte a Figura 3.3).

O caminho do menu é o seguinte: FERRAMENTAS • CUSTOMIZING • IMG • SPRO PROCESSAMENTO DE PROJETO • CONTABILIDADE FINANCEIRA (NV.) • CONFIGURAÇÕES GLOBAIS CONTABILIDADE FINANCEIRA (NOVO) • LIVROS • EXERCÍCIO FISCAL E PERÍODOS CONTÁBEIS • ATUALIZAR VARIANTE DE EXERCÍCIO.

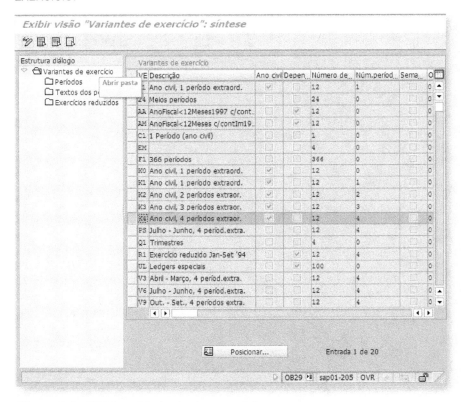

Figura 3.3: OB29 — Variante de exercício

3.3 Área de resultado

A *área de resultado* apresenta uma empresa do ponto de vista da análise de rentabilidade. É o maior elemento da estrutura de organização no SAP Controlling

É possível atribuir múltiplas áreas de controle a uma área de resultado. No entanto, a GCI utilizou uma área de controle atribuída a uma única área de resultado. A área de resultado é mantida com a configuração da transação KEA0 (consulte a Figura 3.4).

Caminho do menu SAP: FERRAMENTAS • CUSTOMIZING • IMG • SPRO PROCESSAMENTO DE PROJETO • CONTROLLING • DEMONSTRAÇÃO DE RESULTADOS • ESTRUTURAS • DEFINIR ÁREA DE RESULTADO • ATUALIZAR ÁREA DE RESULTADO.

Figura 3.4: KEA0 — Área de resultado/Área de controle

3.4 Área de controle

A *área de controle* capta e registra custos e receitas ao longo da organização, primeiramente de um ponto de vista de relatório interno. Também fornece uma vista da organização transversal à empresa.

A área de controle permitiria a alocação de custos entre os centros de custo dentro de uma área de controle.

Para ser atribuído à mesma área de controle, todos os códigos relevantes da empresa têm que ter o mesmo quadro de contas e variante de exercício. Apesar de a moeda do código da empresa poder ser diferente, a área de controle terá uma única moeda, com a qual serão registradas todas as transações.

Seria possível criar múltiplas áreas de controle, mas não seria possível distribuir custos ao longo das múltiplas áreas de controle de um modo sistemático. Podia-se, naturalmente, lançar entradas diárias com diferentes códigos da empresa, o que, por sua vez, lançaria para as respectivas áreas de controle. No entanto, este tipo de alocação não seria possível se fossem usadas alocações no módulo de controle. Além disso, seriam perdidas as capacidades de relatórios de gestão consolidadas (por exemplo, o relatório da despesa operacional e outros relatórios de gestão baseados em P&L).

A configuração da área de controle é executada com transação OKKP, tal como se pode ver na Figura 3.5.

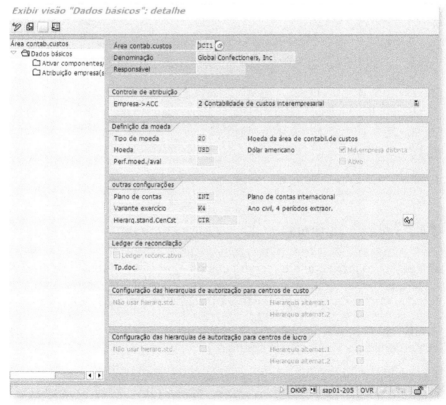

Figura 3.5: OKKP — Área de controle

O caminho do menu é o seguinte FERRAMENTAS • CUSTOMIZING • IMG • SPRO PROCESSAMENTO DE PROJETO • CONTROLLING • CONTROLLING GERAL • ORGANIZAÇÃO • ATUALIZAR ÁREA DE CONTABILIDADE DE CUSTOS.

3.5 Código da Empresa

O *código da empresa* é a menor unidade organizacional para a qual pode ser registrado um conjunto completo de contas autônomas para o relatório externo.

Um código da empresa representa uma entidade legal para o relatório externo, registra todas as transações relevantes e cria todos os documentos de apoio para as declarações financeiras legalmente requeridas, tais como o balancete e P&L. O código da empresa é definido usando a configuração da transação OX02 e mantido usando a configuração da transação OBY6, tal como se pode ver na Figura 3.6.

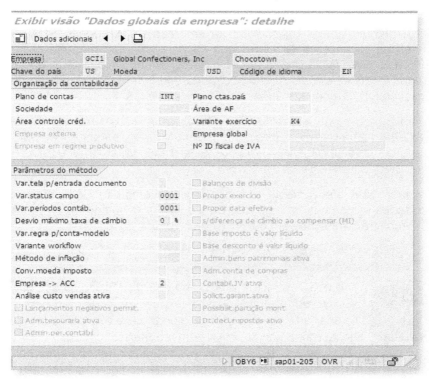

Figura 3.6: OBY6 — Código da empresa

Caminho do menu SAP para organização do código da empresa: FER-RAMENTAS • CUSTOMIZING • IMG • SPRO PROCESSAMENTO DE PROJETO • ESTRUTURA DO EMPREENDIMENTO • DEFINIÇÃO • CONTABILIDADE FINANCEIRA • DEFINIR, COPIAR, ELIMINAR, VERIFICAR EMPRESA.

Caminho do menu SAP para parâmetros globais do código da empresa: FERRAMENTAS • CUSTOMIZING • IMG • SPRO PROCESSAMENTO DE PROJETO • CONTABILIDADE FINANCEIRA (NV.) • CONFIGURAÇÕES GLOBAIS CONTABILID-ADE FINANCEIRA (NOVO) • PARÂMETROS GLOBAIS PARA A EMPRESA • VERIFI-CAR E COMPLETAR PARÂMETROS GLOBAIS.

É possível lançar transações transversais à empresa dentro da contabi-lidade financeira (FI), desde que as filiais estejam definidas como clien-tes e os fornecedores definidos como parceiros comerciais. Podem-se fazer eliminações interempresas com base na informação do parceiro comercial.

3.5.1 Moedas

A GCI atribuiu ambos os códigos da empresa GCI1 (moeda EUA — dólares americanos) e GCI2 (moeda CAD — dólares canadenses) à área de controle GCI1 (moeda EUR — Euro). Além disso, a GCI definiu *moedas locais adicionais para o código da empresa* na configuração da transação OB22 (consulte a Figura 3.7).

O caminho do menu é o seguinte: FERRAMENTAS • CUSTOMIZING • IMG • SPRO PROCESSAMENTO DE PROJETO • CONTABILIDADE FINANCEIRA • CONFI-GURAÇÃO CONTABILIDADE FINANCEIRA • EMPRESA • MOEDAS PARALELAS • DEFINIR MOEDAS INTERNAS ADICIONAIS.

Isto quer dizer efetivamente que o código da empresa GCI1 registra transações em ambas as moedas (EUA e EUR). O código da empresa GCI2 registra transações em duas moedas: CAD e EUR

Moedas na área de controle e código da empresa

Se a GCI adquiriu outra empresa no México, Brasil ou Suíça, por exemplo, esses respectivos códigos de em-presa teriam a sua própria moeda para o relatório legal local (por exemplo, MXN — peso mexicano, BRL — real brasileiro, CHF — franco suíço), mas o relatório interno seria em EUR, uma vez que cada um desses códigos da empresa seria atribuído à área de controle GCI1.

De igual modo, se a GCI adquiriu outra empresa no México, Brasil ou Suíça, por exemplo, esses respectivos códigos da empresa teriam a sua própria moeda para o relatório legal local, mas o relatório interno seria em EUR, uma vez que cada um desses códigos da empresa seria atribuído à área de controle GCI1. Se a GCI tivesse sede na Europa ou Ásia, seria provável que a área de controle GCI1 tivesse CHF — franco Suíço, GBP — libra esterlina, JPY — iene japonês ou CNY — yuan chinês como a sua moeda da área de controle.

A empresa não está limitada a registrar apenas a moeda do código da empresa (CAD/EUA) e a moeda da área de controle (EUR).

A contabilidade financeira detecta a moeda de transação (por exemplo, SGD — Dólares de Singapura) ao nível do documento da contabilidade financeira (também conhecido por moeda do documento). Esta transação em SGD é traduzida na taxa de câmbio que prevalece para a moeda do código da empresa (também conhecida por primeira moeda local). Adicionalmente, a moeda de área de controle é também registrada como segunda moeda local (também conhecida por moeda de grupo). Assim sendo, a contabilidade financeira registra três moedas: moeda de transação/moeda do documento, código da empresa/moeda local e área de controle/moeda de grupo.

Moedas na contabilidade financeira (FI) e de controle (CO)

A contabilidade financeira registra transações em: moeda da transação/moeda do documento, código da empresa/moeda local e área de controle/moeda de grupo.

O controle registra transações em: moeda da transação/moeda do documento, moeda do objeto (o mesmo da moeda do código da empresa) e moeda da área de controle.

Alex reparou que os nomes destes campos eram um pouco diferentes entre a FI e o CO, mas que guardavam essencialmente os mesmos valores em ambos os módulos.

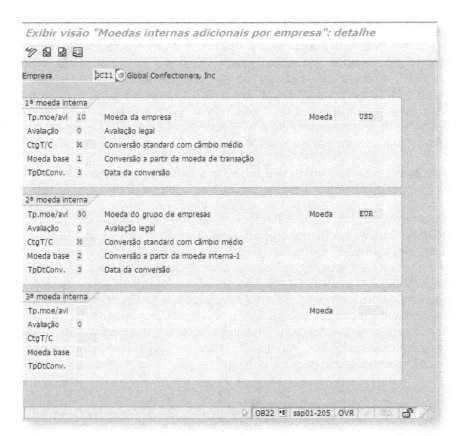

Figura 3.7: OB22 — Moedas locais adicionais para o código da empresa

3.6   Centro de lucros

Um *centro de lucros* é uma unidade de negócios na empresa que pode atuar como uma unidade independente que opera no mercado. Pode-se monitorizar tanto as receitas como as despesas ao nível do centro de lucros e, assim, criar um P&L completo (e mesmo um balancete parcial ao nível do capital de trabalho) ao nível do centro de lucros. Esta informação pode ser resumida usando a hierarquia do centro de lucros para apresentar a estrutura de gestão. As estruturas de hierarquia alternativas podem ser também definidas para a análise resumida, por exemplo, por setor ou negócio/local para registrar e gerir resultados de operação.

Os objetos, tais como centros de custos, projetos, materiais, ordens de venda, etc. são atribuídos a um centro de lucros. Isto permite que os custos e as receitas fluam ao nível do centro de lucros para relatório. Um centro de lucros pode ser atribuído a um ou vários códigos da empresa para uma vista de códigos transversais à empresa para o relatório de gestão interna. A hierarquia do centro de lucros é definida usando uma transação KCH1 (consulte a Figura 3.8).

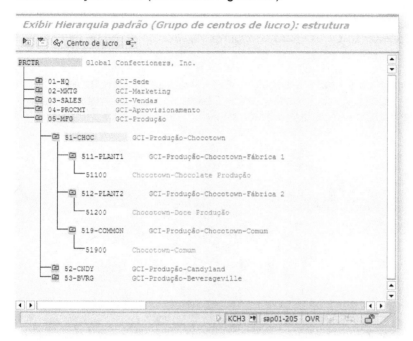

Figura 3.8: KCH1 — Hierarquia do centro de lucros

O caminho do menu é o seguinte: CONTABILIDADE • CONTROLLING • CONTABILIDADE DE CENTROS DE LUCRO • DADOS MESTRE • HIERARQUIA STANDARD • CRIAR.

3.7   Versões de controle

As *versões* no SAP Controlling mantêm conjuntos independentes de dados de planejamento e dados reais.

As versões são utilizadas no planejamento para definir cenários alternativos com base em diferentes suposições. As diferentes versões podem representar a melhor das situações, a pior das situações ou cenários muito prováveis. Outros exemplos são diferentes mercados, campanhas promocionais e estratégias de vendas.

O cenário mais provável é normalmente definido na versão 000 do plano. Estes dados são utilizados para calcular preços planejados para tipos de atividades. Os dados reais são lançados na versão 000 para comparar plano versus atual, assim como plano versus pretendido.

Use a transação OKEQ para configurar versões de controle, tal como se pode ver na Figura 3.9.

O caminho do menu é o seguinte: FERRAMENTAS • CUSTOMIZING • IMG • SPRO PROCESSAMENTO DE PROJETO • CONTROLLING • CONTROLLING GERAL • ORGANIZAÇÃO • ATUALIZAR VERSÕES.

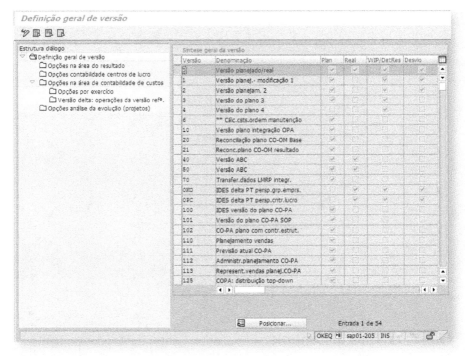

Figura 3.9: OKEQ — Versões de controle

3.8 Resumo

Alex preparou uma lista de transações para definir a estrutura de organização de controle da GCI (consulte a Tabela 3.1).

Código de Transação	Descrição
OB13	Quadro de Contas
OB29	Variante de exercício
KEA0	Área de Resultado
OKKP	Área de Controle
OBY6	Código da Empresa
OB22	Moedas Locais Adicionais
KCH3	Hierarquia do Centro de Lucros/Grupo
OKEQ	Versões de Controle

Tabela 3.1: Transações para definir a estrutura de organização de controle

Alex compreendeu que os dados-mestre e os dados transacionais na aplicação SAP dependem fortemente da concepção da estrutura de organização do software SAP. Depois de rever a estrutura de organização de controle na GCI, Alex compreendeu a organização técnica geral na GCI. Uma boa compreensão desta estrutura ajudaria a navegar pelo fluxo de dados de um modo relativamente rápido.

4 Dados-mestre de controle: Tão simples e, no entanto, tão complexos (mantenha-se firme, senão...)

"Sempre que lhe perguntarem se você pode fazer um trabalho, diga 'Claro que sim!'e, depois, apresse-se para descobrir como deve ser feito."
— *Theodore Roosevelt*

Os dados-mestre desempenham um papel muito importante na garantia da eficácia de um sistema. Parece simples, mas pode ser um desafio cumprir os requisitos competitivos de várias funções (ou em momentos em que se está sob vários processos comerciais dentro da mesma função). A consistência e a precisão da manutenção dos dados-mestre contribuem significativamente para os benefícios de negócios de um sistema. Vamos rever os elementos dos dados-mestre do controle neste capítulo.

"Como você sabe", disse Bruno a Alex uma manhã, "estamos definindo uma nova linha de produção na nossa fábrica. Precisamos criar centros de custos e toda a configuração associada ao sistema para implementar e pôr esta linha a funcionar. Você poderia rever o manual do sistema e descobrir tudo sobre os passos necessários para completar esta tarefa? Talvez queira falar com a Elisa, pois ela tem muitos conhecimentos e pode lhe ajudar se tiver dúvidas".

"Claro, vou debruçar-me sobre isso, Bruno", disse Alex. Alex voltou a sua atenção para o guia de formação. Ele tinha terminado a seção sobre a estrutura de organização do SAP Controlling na GCI1 e agora estava lendo sobre os dados-mestre do SAP Controlling.

A partir da sua experiência anterior na Fork-of-Lift Works (FLW), Alex tinha noção da importância dos dados-mestre em qualquer sistema, independentemente de ser uma aplicação ERP integrada, tal como SAP, ou de ser um sistema desenvolvido internamente que pode estar bem integrado ou não.

Se visualizarmos a estrutura de organização, os dados-mestre e os dados de transação em uma forma piramidal, a estrutura da organização assenta no topo da pirâmide, a camada dos dados-mestre está no centro da pirâmide e a camada de processamento de transações está no fundo da pirâmide. Os dados-mestre herdam muita estrutura de organização e a passam para a camada de processamento de transação. Logo, é importante definir a estrutura de organização, assim como os atributos dos dados-mestre, durante a fase de concepção e basear-se na concepção de forma contínua.

Uma vez definidos, não é necessário fazer mudanças frequentes na estrutura de organização. No entanto, os dados-mestre podem ser mantidos de forma contínua.

Além disso, a manutenção dos dados-mestre é da responsabilidade do negócio, normalmente diretamente no ambiente de produção. A manutenção precisa dos dados-mestre é importante para assegurar a coleta consistente de dados na camada de processamento de transação.

4.1   Centros de custos — Onde gastamos o dinheiro todo?

Um *centro de custos* é um dos elementos dos dados-mestre mais amplamente utilizados no controle. Os centros de custos permitem a repartição de custos ao nível dos departamentos. São muitas vezes o nível mais baixo de uma organização em que se quer recolher e analisar custos e o desempenho do departamento. Os centros de custos são, por isso, úteis para o objetivo de orçamentos dos departamentos e plano versus comparação real das despesas. Os centros de custos também podem ser utilizados para efeitos de alocações de custos interdepartamentais, através das relações emissor-receptor. As relações podem ser definidas em alocações de centros de custos; alguns dos métodos amplamente utilizados são a distribuição e as avaliações.

Os centros de custos são estruturados em grupos hierárquicos organizacionais e/ou funcionais. Cada centro de custos é atribuído a uma hierarquia de centro de custos e um centro de lucros.

Definição de centro de custos, exemplos

 Um centro de custos é uma unidade organizacional em uma unidade de controle que representa um local defi-nido de constituição do custo. Um centro de custos po-de ser criado com base nos requisitos funcionais (um departamento ou seção), critério de alocação (custos de manutenção que são distribuídos para um conjunto para centros de custos de produção), local físico (sedes, instalações de produção 1, instalações de produção 2, centro de distribuição 1 e centro de distri-buição 2) e responsabilidade pelos custos (finanças, contabilidade, legal e marketing).

Normalmente, os centros de custos são definidos para uma função, máquina, centro de responsabilidade ou local físico que seja permanen-te ou, pelo menos, tenha longo prazo. Por exemplo, se for necessário definir a nova linha de produção a que Bruno se referiu, o centro de custos é o objeto de controle correto. No entanto, se tiver que seguir os custos para um projeto de melhoramento da produtividade a curto prazo ou para uma campanha de marketing específica que é temporária por natureza, nesse caso uma *ordem interna* é uma melhor opção do que um centro de custos.

4.1.1   Hierarquia do centro de custos

A *hierarquia do centro de custos* consiste em grupos de centros de cus-tos em uma estrutura em árvore dentro de uma área de controle.

Os centros de custos podem ser agrupados para fornecerem informação resumida dos custos. Uma hierarquia do centro de custos consiste em nós e subnó aos quais os centros de custos estão anexados.

Uma hierarquia do centro de custos compreende todos os centros de custos para um determinado período e, por isso, representa toda a em-presa. Esta hierarquia é conhecida como a *hierarquia padrão*.

As hierarquias dos centros de custos são normalmente definidas antes de criar centros de custos. A manutenção é tratada via transação OKENN (consulte a Figura 4.1).

O caminho do menu é o seguinte: CONTABILIDADE • CONTROLLING • CONTABILIDADE DE CENTROS DE CUSTO • DADOS MESTRE • HIERARQUIA STANDARD • MODIFICAR (OKEON) / EXIBIR(OKENN).

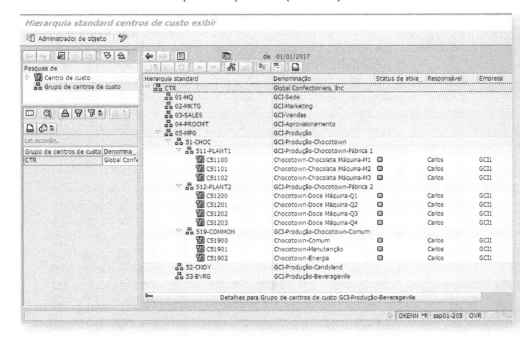

Figura 4.1: OKENN — Hierarquia do padrão do centro de custos

4.1.2   Manutenção do centro de custos

Os *centros de custos* são unidades organizacionais em uma área de controle que representam um local definido de uma constituição de custos. A definição pode basear-se em requisitos funcionais, critérios de alocação, local físico ou responsabilidade pelos custos.

O centro de custos define a menor área de responsabilidade dentro da empresa que causa e influencia os custos, ou seja, o nível mais baixo ao qual você pode significativamente atribuir *custos diretos* e *custos indiretos.*

Os centros de custos são atribuídos a um único código da empresa (entidade legal), um único centro de lucros (entidade de desempenho), uma única área funcional (tipo de função) e uma única categoria do centro de custos (que tipo de custos pode ser planejado ou contabilizado).

44

Os centros de custos são utilizados para planejar, captar, seguir e reportar despesas a nível dos departamentos e serviços consumidos ou fornecidos por um departamento que usa a contabilidade do centro de custos.

Os centros de custos são mantidos via transação KS01 (Criar), KS02 (Mudar) (consulte a Figura 4.2), KS03 (Apresentar) e KS04 (Apagar).

O caminho do menu é o seguinte: CONTABILIDADE • CONTROLLING • CONTABILIDADE DE CENTROS DE CUSTO • DADOS MESTRE • HIERARQUIA STANDARD • MODIFICAR (OKEON) / EXIBIR(OKENN).

Figura 4.2: KS02 — Mudança do centro de custos

A manutenção em massa de centros de custos pode ser executada utilizando a transação KS12 (consulte a Figura 4.3).

O caminho do menu é o seguinte: CONTABILIDADE • CONTROLLING • CONTABILIDADE DE CENTROS DE CUSTO • DADOS MESTRE • CENTRO DE CUS-

TO • PROCESSAMENTO COLETIVO • MODIFICAR (KS12) / EXIBIR (KS13) / ELI-
MINAR (KS14).

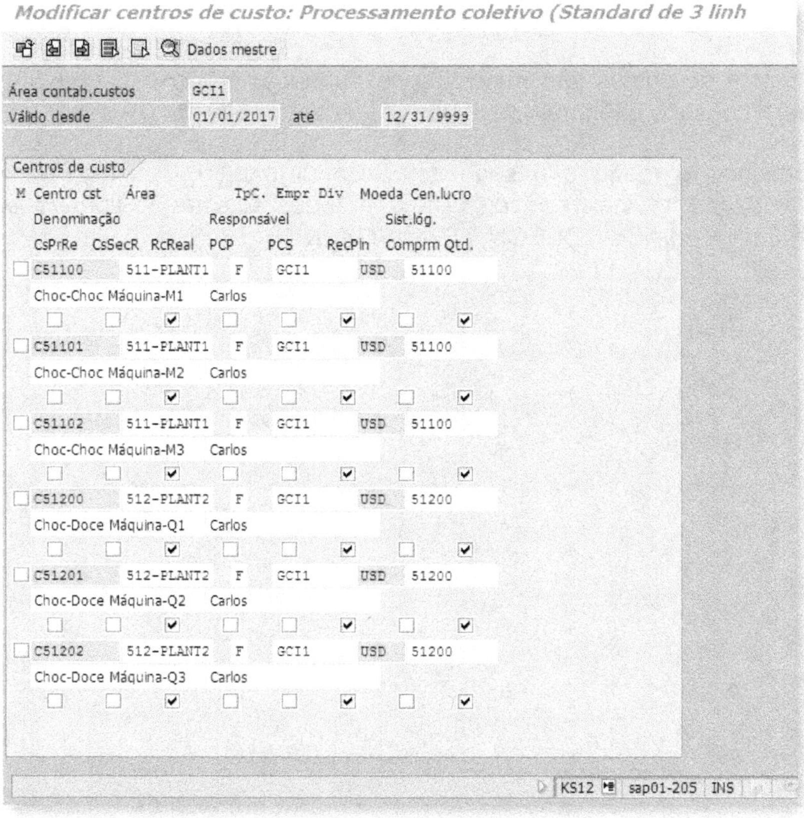

Figura 4.3: KS12 — Manutenção em massa do centro de custos

4.1.3   Grupos de centros de custos

Os *grupos de centros de custos* recolhem centros de custos de acordo
com vários critérios em grupos para permitir que os centros de custos
apresentem a estrutura da organização no sistema.

Os grupos de centros de custos são também designados por *hierarquias
alternativas.*

Os grupos de centros de custos usam grupos para criar hierarquias dos
centros de custos, que resumem a tomada de decisão, áreas de res-

46

ponsabilidade e controle de acordo com os requisitos em particular da organização. Os centros de custos individuais formam o menor nível hierárquico.

Os grupos de centros de custos são mantidos utilizando a transação KSH2.

O caminho do menu é o seguinte: Contabilidade • Controlling • Contabilidade de centros de custo • Dados mestre • Grupo centros custo • Criar (KSH1) / Modificar (KSH2) / Exibir (KSH3).

4.2 Elementos de custos — Que tipo de dinheiro está sendo gasto?

O *elemento de custo* pode ser definido como um veículo para suportar os custos em CO. São idênticos às contas GL. Fornecem uma visão para a gestão sobre onde e como o dinheiro está sendo gasto. Permite que a gestão identifique uma área específica em que a organização pode ter a necessidade de focar custos de controle.

Os elementos de custos são mantidos via transação KA01 (Criar), KA02 (Mudar), KA03 (consulte a Figura 4.4) (Apresentar), KA04 (Apagar) e KA06 (Criar Secundário).

O caminho do menu é o seguinte: Contabilidade • Controlling • Contabilidade de centros de custo • Dados mestre • Classe de custo • Processamento individual • Criar custo primário (KA01) / Criar cst.secundário (KA06) / Modificar (KA02) / Exibir (KA03) / Eliminar (KA04).

4.2.1 Elementos de custo primário

Os *elementos de custo primário* criam a ligação entre a FI e o CO. De um modo geral, para cada conta GL tipo P&L em finanças, são criados elementos de custos correspondentes no controle. Estes elementos são chamados elementos de custo primário. Pode haver algumas exceções, em que nem todas as contas GL são criadas como elementos de custos. Por exemplo, despesa com juros, quando a gestão não quer seguir a despesa de interesse por um centro de custos.

As seguintes categorias de elementos de custos são utilizadas para criar elementos de custo primário:

▶ 01 — Elemento de custo primário: Pode ser apresentado com todos os lançamentos primários, por exemplo, em FI ou MM.

▶ 11 — Elemento de receita: Utilizado para lançar receitas.

▶ 12 — Dedução de vendas: Utilizado para lançar deduções de vendas, ajustes ou lançamentos de dedução de receitas, tais como descontos e reduções.

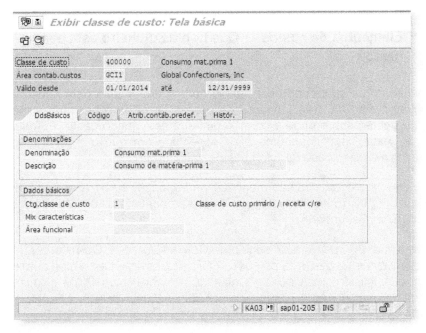

Figura 4.4: KA03 — Apresentação do elemento de custo

4.2.2 Elementos de custo secundário

Os *elementos de custo secundário* (consulte Figura 4.5) podem ser criados para registrar transações específicas do controle, tais como apropriação, taxas indiretas, avaliação e alocação de atividades. Descrevem os fluxos de custos que ocorrem dentro do SAP Controlling. Ao contrário dos elementos de custo primário, não existe nenhuma ligação à conta GL em FI.

48

As seguintes categorias de elementos de custos podem ser utilizadas para elementos de custo secundário:

▶ 21 — Apropriação interna: Utilizado para liquidar (e ainda alocar) custos de ordens ou de projeto para objetos internos ao CO. Os objetos internos ao CO são, por exemplo, ordens, segmentos de rentabilidade, centros de custos e projetos.

▶ 31 — Análise dos resultados de ordens/projetos: Contas que requerem sistema para lançar WIP.

▶ 41 — Taxas indiretas: Utilizado para carregar despesas indiretas usando esquema de cálculo dos custos.

▶ 42 — Valorização: Utilizado para distribuir custos usando o método de avaliação.

▶ 43 — Alocação de atividades/processos: Utilizado durante a alocação da atividade interna.

Figura 4.5: KA03 — Apresentação do elemento de custo secundário

4.2.3 Grupos de elementos de custos

Os *grupos de elementos de custos* coletam elementos de custos com características similares.

Os grupos de elementos de custos podem ser utilizados para reportar, por exemplo, utilizando a estrutura do grupo de elementos de custos para definir a estrutura de fila dos relatórios.

Os grupos de elementos de custos podem também ser utilizados quando têm que ser usados vários elementos de custos em uma transação, por exemplo, no planejamento do centro de custos, distribuição ou avaliação.

Os grupos de elementos de custos usam a transação KAH1 (Criar), KAH2 (Mudar) e KAH3 (Apresentar) (consulte a Figura 4.6).

Figura 4.6: KAH3 — Apresentação do grupo de elementos de custos

O caminho do menu é o seguinte: CONTABILIDADE • CONTROLLING • CONTABILIDADE DE CENTROS DE CUSTO • DADOS MESTRE • GRUPO CLASSES CUSTO • CRIAR (KAH1) / MODIFICAR (KAH2) / EXIBIR (KAH3).

4.3 Tipos de atividades — Estes são os geradores de custos dos quais estamos sempre falando?

Os *tipos de atividades* classificam as atividades produzidas nos centros de custos dentro de uma área de controle. O tipo de atividade representa as atividades realizadas em um centro de custos, por exemplo, horas de trabalho ou horas de manutenção para um centro de custos de manutenção.

Os tipos de atividades descrevem o resultado da atividade específica fornecido por um centro de custos para outros objetos de custos, tais como ordens de trabalho, ordens internas, etc. São medidos em unidades de tempo e quantidade e valorizados usando uma taxa por hora ou por unidade de atividade.

- ▶ Custo total planejado / Horas de atividade planejadas = Taxa de atividade planejada por hora
- ▶ Custo real total / Horas de atividade reais = Taxa de atividade real por hora

Os tipos de atividades são mantidos usando a transação KL01 (Criar), KL02 (Mudar), KL03 (Apresentar) (consulte a Figura 4.7), KL04 (Apagar)

O caminho do menu é o seguinte: CONTABILIDADE • CONTROLLING • CONTABILIDADE DE CENTROS DE CUSTO • DADOS MESTRE • TIPO DE ATIVIDADE • PROCESSAMENTO INDIVIDUAL • CRIAR (KL01) / MODIFICAR (KL02) / EXIBIR (KL03) / ELIMINAR (KL04).

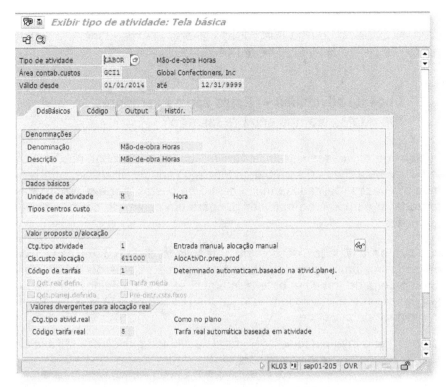

Figura 4.7: KL03 — Apresentação do tipo de atividade

4.4   SKFs — Afinal são todos dados estatísticos

É utilizado um *número-chave estatístico (SKF)* para seguir quantidades e valores para várias atividades de operação. Os SKFs são concebidos para serem usados no relatório e análise e podem também ser utilizados para ajudar na alocação de custos.

Um SKF pode ser definido como um valor fixo ou como um valor total. Os números-chave definidos como valores fixos são válidos a partir da data do período de lançamento e em todos os períodos de lançamento posteriores do ano fiscal. Em contrapartida, os números-chave definidos como valores totais são apenas válidos para o período após o lança-mento em que são introduzidos.

Os SKFs são mantidos via transação KK01 (Criar), KK02 (Mudar), KK03 (Apresentar) (consulte a Figura 4.8) e KK03DEL (Delete).

O caminho do menu é o seguinte: CONTABILIDADE • CONTROLLING • CONTABILIDADE DE CENTROS DE CUSTO • DADOS MESTRE • ÍNDICES ESTATÍSTICOS • PROCESSAMENTO INDIVIDUAL • CRIAR (KK01) / MODIFICAR (KK02) / EXIBIR (KK03) / ELIMINAR (KK03DEL).

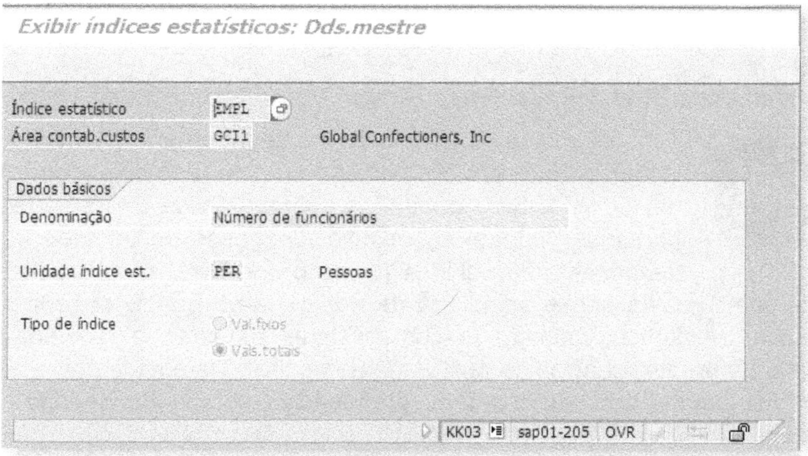

Figura 4.8: KK03 — Apresentação do número-chave estatístico

4.5 Alocações — quem está enviando, quem está recebendo — uma web interna?

Instalações de produção típicas implicam custos em vários departamentos. Por exemplo, o departamento de manutenção pode fornecer um serviço ao departamento de produção para manter as máquinas funcionando. De igual modo, o departamento de sistemas de informação ajuda a manter os sistemas funcionando. Normalmente, o objetivo é transferir os custos destes departamentos de serviço para os departamentos de produção, de modo que os custos sejam adicionados ao custo do produto. Esta transferência de custos internamente dentro do controle é conseguida utilizando *alocações*.

Existem dois tipos principais de alocações no controle: distribuição e avaliações.

Se utilizar a *distribuição*, a seguinte informação é retida e passada aos receptores: o ELEMENTO de custo original, primário. A informação do emissor e do receptor é documentada com itens de linha no documento CO.

A utilização de *avaliações* faz com que a seguinte informação seja passada aos receptores: os elementos originais de custos são agrupados em elementos de custos de avaliação (elementos de custo secundário); os elementos originais de custos não são apresentados nos receptores.

A informação do emissor e receptor é apresentada no documento CO.

Distribuição versus avaliação

 Tem-se aqui um exemplo de um departamento de instalações (o que envia centro de custos) responsável por um edifício. Este centro de custos implica três custos primários: aluguel do edifício, despesas de telefone e despesas com bebidas (como chá e café) para o pessoal que trabalha nesse edifício. Este edifício aloja quatro departamentos: marketing, finanças e contabilidade, compras e recursos humanos (quatro centros de custos de recepção). Os custos deviam ser distribuídos em percentagens predefinidas para cada departamento.

Se for utilizado o método de *distribuição* de alocação, é usado o mesmo elemento de custo primário para distribuir custos. O centro de custos emissor obtém um crédito utilizando três elementos de custo original primário. Quatro centros de custos de recepção verão, cada um, três elementos de custo original primário como débitos aos seus centros de custos. Isto significa que cada departamento é capaz de identificar quanto dinheiro foi distribuído em cada uma das três categorias de despesas de aluguel, telefone e bebida.

Se for utilizado o método de *avaliação* de alocação, é usado um elemento de custo secundário para valorização, tal como *despesas de instalações*, para distribuir custos. O centro de custos emissor dá um crédito através do elemento de custo de avaliação. Quatro centros de custos de recepção verão, cada um, um elemento de custo secundário como débito ao seu centro de custos. Isto significa que cada departamento apenas sabe quanto dinheiro lhe foi distribuído sob *despesas de instalações*. Os receptores não sabem quanto destas despesas de instalações consiste em aluguel, telefone e bebida. Seria necessário consultar um relatório do centro de custos de envio para identificar a repartição destes custos.

4.6 Ordens internas: outra ferramenta para seguir os custos?

As *ordens internas* são utilizadas para coletar, monitorizar e definir custos diretos e indiretos implicados por um projeto específico.

São coletores de custos que têm uma natureza mais dinâmica do que os centros de custos ou de lucros.

As ordens podem ser utilizadas como um objeto de custo primário que é depois definido para um centro de custos, ou como um objeto de lançamento estatístico, em que o lançamento primário vai para o centro de custos.

Os dados de planos podem ser introduzidos para ordens e podem ser seguidos comparativamente com a despesa real.

As ordens internas podem ser utilizadas para vários fins no CO. Apresentamos a seguir alguns exemplos.

Exemplos de ordem interna

Uma ordem interna é criada para um evento de cliente para seguir orçamentos e montantes reais para o evento. Assim que o evento é concluído, os custos são definidos (ou movidos) para o centro de custos apropriado.

Os custos de reparação e manutenção de veículos são registrados para um centro de custos, mas os custos para cada veículo são também seguidos "estatisticamente", usando uma ordem interna estatística criada para cada veículo.

Cada projeto de pesquisa e desenvolvimento (R&D) requer o acompanhamento de despesas reais. As ordens internas R&D ajudam a captar custos individuais do projeto.

4.7 Resumo

Alex, agora, está prestando atenção no pedido de Bruno para listar todos os passos que foram necessários para refletir a nova linha de produção no sistema. Uma vez que o quadro de contas era comum, Alex não pensou que seria necessário definir elementos de custos adicionais.

Além disso, a concepção exigia a utilização de um conjunto comum de tipos de atividades e números-chave estatísticos (SKFs). Por isso, não havia necessidade de definir novos tipos de atividades ou SKFs.

As mudanças dos dados-mestre do controle necessárias para uma nova linha de produção incluem:

- ▶ KS01 — Criar novo centro de custos, sob o mesmo nó de hierarquia que o das linhas existentes ("512-PLANT2").

- ▶ KSH2 — Adicionar novo centro de custos em um grupo de centro alternativo de custos para Chocotown.

- ▶ KSV8 — Criar um novo *segmento* na distribuição planejada para o novo centro de custos.

- ▶ KSV2 — Criar um novo segmento na distribuição real para o novo centro de custos.

Alex aprendeu que a manutenção contínua e consistente dos dados-mestre é fundamental para a precisão dos dados de transação e relatório. Tendo em conta a natureza sensível dos dados, a GCI centralizou o acesso para criar e mudar dados para uma série de indivíduos. O acesso ao visor era relativamente amplo, uma vez que vários usuários de negócios podem ter que rever estes dados de vez em quanto.

Uma vez que havia muitas transações mencionadas no manual de formação, Alex fez uma pequena tabela como ferramenta de referência rápida (consulte a Figura 4.9).

Objetos dos dados principais de controle e seus códigos de transação

Objetos dos dados principais de controle	Criar	Mudar	Apresentar	Excluir *	Mudança em massa	Apresentaçã o em massa
Centro de custo	KS01	KS02	KS03	KS04	KS12	KS13
Grupo de centros de custo	KSH1	KSH2	KSH3			
Elemento de custo (primário)	KA01	KA02	KA03	KA04		KA24
Elemento de custo (secundário)	KA06	KA02	KA03	KA04		
Grupo de elementos de custo	KAH1	KAH2	KAH3			
Tipo de atividade	KL01	KL02	KL03	KL04	KL12	KL13
Grupo de tipos de atividade	KLH1	KLH2	KLH3			
Índices Estatísticos	KK01	KK02	KK03	KK03DEL	KAK2	KAK3
Grupo de índices estatísticos	KBH1	KBH2	KBH3			
Ordem interna	KO01	KO02	KO03		KOK2	KOK3
Grupo de ordens internas	KOH1	KOH2	KOH3			

* É impossível apagar o objeto se existirem dados de transação para o ano de exercício

Objeto de alocação**	Criar	Mudar	Apresentar	Executar
Distribuição do plano	KSV7	KSV8	KSV9	KSVB
Avaliação do plano	KSU7	KSU8	KSU9	KSUB
Distribuição real	KSV1	KSV2	KSV3	KSV5
Análise real	KSU1	KSU2	KSU3	KSU5

** A distribuição e a análise serão abordadas detalhadamente em capítulos posteriores

Figura 4.9: Objetos de dados-metres de controle e códigos de transação

5 Planejamento sobre centros de custos: Uma maratona anual?

"Que a nossa preocupação antecipada se torne pensamento e planejamento antecipados."
— Winston Churchill

A maioria das organizações são sujeitas a um processo de orçamento (ou de planejamento) anual que as ajuda a preparar o ano que se aproxima. Vários métodos de planejamento podem envolver uma combinação ou utilização de um dos métodos, tal como usar o plano do ano anterior como base, os últimos doze meses reais como base ou mesmo o planejamento começando do zero (popularmente conhecido por orçamento de base zero). O processo de planejamento começa normalmente com o planejamento de vendas e operações (S&OP), que é depois repartido em plano de produção, plano de aquisição, plano de custos de trabalho e plano de custos indiretos. Este capítulo fornece uma visão geral sobre o planejamento do centro de custos, que cobre normalmente o planejamento indireto e o planejamento dos custos de trabalho.

O objetivo final de uma unidade de produção é entregar consistentemente resultados com uma qualidade constante, ao mesmo tempo que mantém os níveis otimizados de estoque. Ao fazer isso, determina e controla com precisão o custo que teve para produzir este material.

Os custos de produto incluem custos diretos e custos indiretos. Os custos diretos são compostos pelo custo da matéria-prima, materiais de embalagem e todos os custos de conversão diretos na produção do material acabado. Isto incluiria normalmente os custos do pessoal que "tocou" no produto (o pessoal diretamente envolvido na produção do produto). Os custos indiretos incluem o custo do pessoal que talvez não tenha "tocado" diretamente no produto, mas que contribuiu indiretamente para a produção do material. Por exemplo, o pessoal de manutenção, pessoal de limpeza, pessoal do armazém, segurança, finanças, recursos humanos, instalações, sistemas, etc.

Outra maneira de olhar para o custo de conversão é considerando que um produto tem que *suportar* (ou absorver) o custo dos departamentos pelos quais passa. A taxa de absorção predeterminada é utilizada para carregar o produto com custo do departamento.

Por exemplo, se o orçamento total planejado para um departamento for $10.000,00 para um mês com 200 horas de operação planejada, a taxa de absorção predeterminada é $10.000,00 / 200 horas = $ 50,00/h.

Este custo pode ser ainda mais repartido em horas de trabalho, horas-máquina e quaisquer outros geradores de custos adicionais com base na condição comercial. Estes geradores são frequentemente definidos como um *tipo de atividade* no sistema SAP.

Na GCI, as horas de trabalho e horas-máquina são definidas como os dois tipos de atividades principais. Estes geradores têm uma taxa chamada *taxa de atividade*, ou *taxa de atividade planejada.*

Alex lembrou-se que a FLW usava geradores de custos idênticos no seu sistema antigo: horas de trabalho diretas, horas de trabalho indiretas e horas-máquina. No entanto, na FLW chamavam-se *taxa de encargo*.

A GCI executava o seu ciclo de planejamento durante agosto e até novembro. A equipe de vendas criou a previsão de vendas ao nível de SKU para o próximo ano. A equipe de planejamento de produção comparou a procura com a capacidade e chegou ao volume de produção planejado. A equipe de planejamento poderia então chegar ao abastecimento planejado de matéria-prima. Alex lembrou-se da metodologia na FLW: o planejamento não era tão detalhado e era frequentemente feito ao nível do grupo de produtos. No entanto, ele associou o objetivo do exercício, uma vez que a produção tem que estar sempre operacionalmente pronta para o próximo ano!

As taxas de câmbio planejadas para várias combinações de moedas têm que ser mantidas para o período de planejamento antes de introduzir os dados do plano no sistema para o próximo ano. Isto garante que todos os custos do plano são convertidos a uma taxa de câmbio consistente.

Alex decidiu aprender o sistema usando um exemplo prático. Ele entrou em um sistema de teste e começou a introduzir os dados do plano passo a passo, seguindo as instruções no manual do usuário.

5.1   Planejamento da quantidade de atividade

Passo 1: Definir perfil de planejador (KP04)

O primeiro passo no planejamento do centro de custos é definir o *perfil de planejador* usando a transação KP04. Usar o perfil do planejador para pegar e escolher a combinação certa de campos adequados para as suas necessidades de planejamento. A GCI decidiu usar o perfil de planejador padrão fornecido por SAP SAPALL (consulte a Figura 5.1), que inclui todas as possíveis combinações para planejamento.

O caminho do menu é o seguinte: CONTABILIDADE • CONTROLLING • CONTABILIDADE DE CENTROS DE CUSTO • PLANEJAMENTO • DEFINIR PERFIL DO PLANEJADOR.

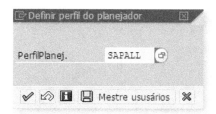

Figura 5.1: KP04 — Definir perfil de planejador

Passo 2: Planejamento da quantidade de atividade (KP26) — centros de custos

O próximo passo no planejamento do centro de custos é executar o *planejamento da quantidade de atividade* para determinar a base para absorção. Normalmente, a quantidade de atividade será determinada pelo volume de produção para o período de planejamento, que pode ser ainda limitada pela capacidade de produção e potencial inatividade para efeitos de manutenção, se houver.

Tal como se pode ver na Figura 5.2, a tela KP26 inicial exige que introduza a versão, os períodos e o ano para os quais o planejamento está sendo feito. Além disso, introduza o centro de custos (ou grupo de centros de custos) e o tipo de atividade (ou grupo do tipo de atividade). Por último, selecione entradas em um formulário livre (onde o usuário introduz os valores) ou com base em um formulário (onde o sistema ocupa previamente possíveis combinações de dados-mestre e o usuário introduz as quantidades). A GCI decidiu usar o formulário livre para introduzir os dados do plano.

O caminho do menu é o seguinte: CONTABILIDADE • CONTROLLING • CONTABILIDADE DE CENTROS DE CUSTO • PLANEJAMENTO • PRESTAÇÃO DE ATIVIDADE/TARIFAS • MODIFICAR.

Neste exemplo, Alex queria ver como seria o planejamento para o grupo de centros de custos 51-CHOC para 2014.

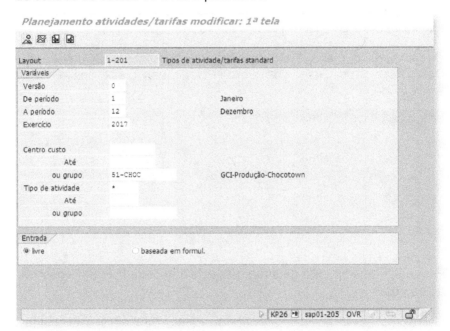

Figura 5.2: KP26 — Tela inicial do planejamento da quantidade de atividade

Assim que Alex clicou no ícone SÍNTESE na tela inicial, apareceu a tela de visão geral (consulte a Figura 5.3). Foram planejadas duas atividades: trabalho para 6.000 horas para o ano e MCHRS (horas-máquina) para 1.800 horas para o ano.

Quando Alex clicou na tela PERÍODO (consulte a Figura 5.4), ele viu que 6.000 horas planejadas para o trabalho foram distribuídas uniformemente ao longo de 12 meses. Alex podia planejar para diferentes quantidades de atividades para cada mês, como seria normalmente o caso na organização da produção, mas, para efeitos deste exemplo, Alex decidiu usar uniformemente as quantidades de atividade distribuídas.

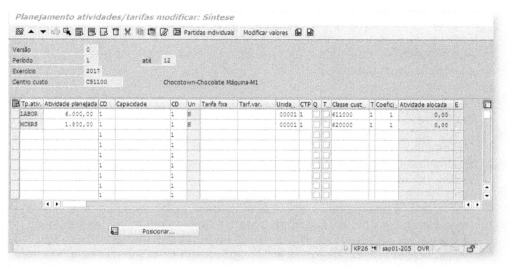

Figura 5.3: KP26 — Tela de visão geral do planejamento da quantidade de atividade

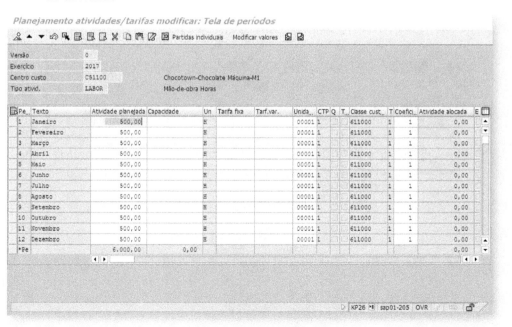

Figura 5.4: KP26 — Tela do período de planejamento da quantidade de atividade

5.2 Custos diretos (dependente da atividade)

Passo 3: Planejamento do custo dependente da atividade (KP06)

Agora que as quantidades foram planejadas, estava na hora de planejar os dólares (ou montantes).

A tela KP06 (consulte a Figura 5.5) era muito parecida com KP26, exceto por haver um campo adicional para o elemento de custo.

O caminho do menu é o seguinte: CONTABILIDADE • CONTROLLING • CONTABILIDADE DE CENTROS DE CUSTO • PLANEJAMENTO • COST AND ACTIVITY INPUTS • MODIFICAR.

Além disso, a mesma tela é utilizada tanto para o *planejamento do custo dependente da atividade*, quanto para o *planejamento do custo independente da atividade*. Se deixasse o campo do ACTIVITY TYPE vazio, o resultado seria o planejamento de custo *independente* da atividade. No entanto, se o campo do tipo de atividade foi preenchido com "*" ou uma atividade específica, o resultado será o planejamento do custo *dependente* da atividade. O planejamento do custo fixo é, normalmente, independente da atividade por natureza, tendo em conta que estes custos iriam ocorrer independentemente da realização de qualquer tarefa.

Planejamento para custos dependentes/independentes da atividade

O planejamento do custo independente da atividade é realizado deixando vazio o campo ACTIVITY TYPE na tela inicial KP06. O planejamento do custo dependente da atividade é realizado introduzindo um "*" ou um ACTIVITY TYPE específico na tela inicial.

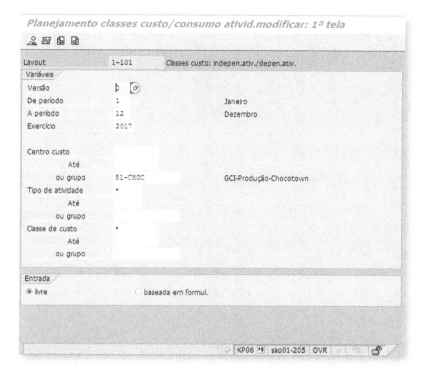

Figura 5.5: KP06 — Tela inicial do planejamento do custo dependente da atividade

Tal como se pode ver na Figura 5.6, Alex continuou e planejou a atividade LABOR com elementos de custo 420000 (custos de trabalho diretos) e 449000 (outros custos pessoais). Ele certificou-se que os dólares planejados para esta combinação fossem introduzidos na coluna de PLAN VARIABLE COSTS devido à natureza destes custos — custos variáveis diretamente proporcionais à quantidade da atividade.

Em seguida, Alex planejou a atividade MCHRS usando elementos de custos 452000 (manutenção da máquina) e 481000 (depreciação da contabilidade de custos) — ambos fixos por natureza — e 416200 (utilização da eletricidade) que é variável por natureza.

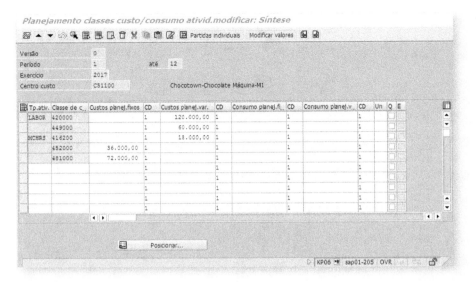

Figura 5.6: KP06 — Tela de visão geral do planejamento dependente da atividade

Depois de introduzir os dados do plano para os custos dependentes da atividade, Alex queria ver como seria o relatório. Ele navegou para o código de transação S_ALR_87013611 (consulte a Figura 5.7), que forneceu os dados atuais/planejados/variáveis para os centros de custos. Uma vez que não havia dados reais no sistema de teste, Alex só conseguiu ver os dados de planejamento que tinha introduzido.

O caminho do menu é o seguinte: CONTABILIDADE • CONTROLLING • CONTABILIDADE DE CENTROS DE CUSTO • SISTEMA DE INFORMAÇÃO • COMPARAÇÕES PLANEJ./REAL • CENTROS DE CUSTO: REAL/PLANEJADO/DESVIO.

Alex notou que havia dados no lado do débito, mas o lado do crédito estava vazio. A informação no lado do crédito será preenchida assim que for feito o cálculo do preço (transação KSPI).

66

Figura 5.7: S_ALR_87013611 — Centros de custos: relatório real/plane-jado/variável (depois de o planejamento dependente da atividade ter sido executado)

5.3 Custos indiretos (independentes da atividade)

Passo 4: Planejamento do custo independente da atividade (KP06)

Alex passou agora para a parte de introdução de informação de custos fixos na transação KP06 (consulte a Figura 5.8), que é independente da atividade que é realizada no departamento. Isto exigiria que ele saísse do campo vazio ACTIVITY TYPE.

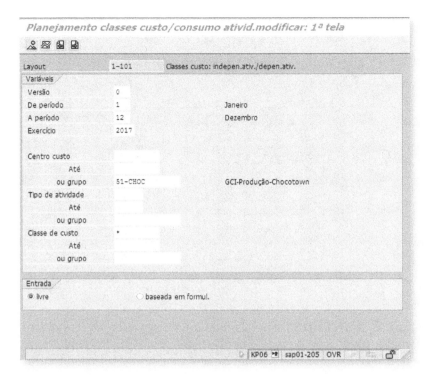

Figura 5.8: KP06 — Tela inicial do planejamento do custo independente da atividade

Alex passou para a inserção de custo fixo para os seguintes elementos de custos (consulte a Figura 5.9):

- ▶ 405200   Utilização dos fornecimentos do escritório
- ▶ 430000   Salários
- ▶ 435000   Bônus anual
- ▶ 470101   Refeições
- ▶ 473000   Postagem

Assim que introduziu o custo, ele voltou ao relatório S_ALR_87013611 para rever o impacto (consulte Figura 5.10). Agora ele era capaz de ver todos os custos planejados e o centro de custos, incluindo os custos fixos. Ele reparou que não havia forma de ver que dados eram dependentes da atividade e que dados eram independentes da atividade. Ele teria que ir para a transação KP06 para mudar (ou KP07 para visualizar) esta informação.

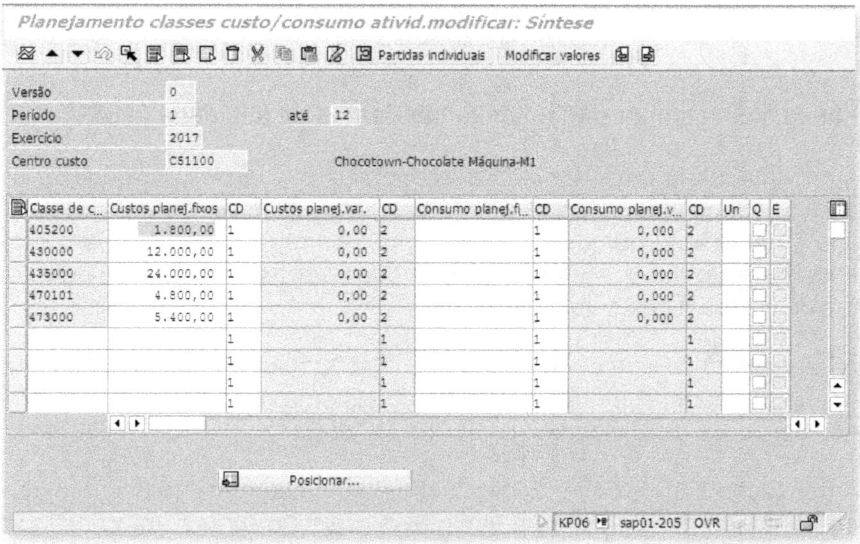

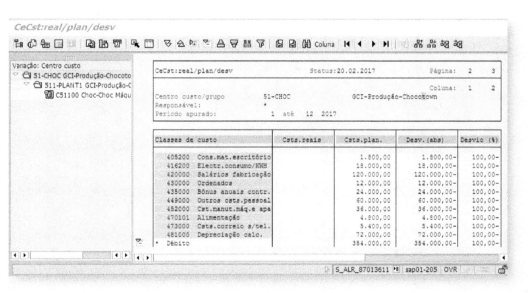

*Figura 5.9: KP06 — Tela de visão geral do planejamento do custo inde-
pendente da atividade*

*Figura 5.10: S_ALR_87013611 — Relatório do centro de custos: (depois
de o planejamento independente da atividade ter sido executado)*

5.4 Planejar decomposição do centro de custos

Passo 5: Decompor os custos dependentes da atividade (KSS4)

A próxima tarefa era *planejar a decomposição de custos* para anexar os custos independentes da atividade para tipos específicos de atividade. Isto é necessário porque o objetivo final é carregar os custos para este departamento sobre o produto, o que pode ser feito através de geradores de custos (tipos de atividades).

Alex lembrou-se que ele planejou $48.000,00 como custos independentes da atividade. Ele queria ver como o sistema dividia esta quantidade nos dois tipos de atividades, LABOR e MCHRS.

A transação KSS4 requer a introdução de um centro de custos, um grupo de centro de custos, uma variante de seleção (uma lista predefinida de centros de custos) ou de todos os centros de custos (consulte a Figura 5.11). Além disso, também têm que ser fornecidas informações sobre versão, ano e período. Por último, o sistema proporciona opções para processamento de fundo (por razões de desempenho, especialmente se o conjunto de dados é grande), ensaio (para rever dados antes de lançar definitivamente) e listas detalhadas.

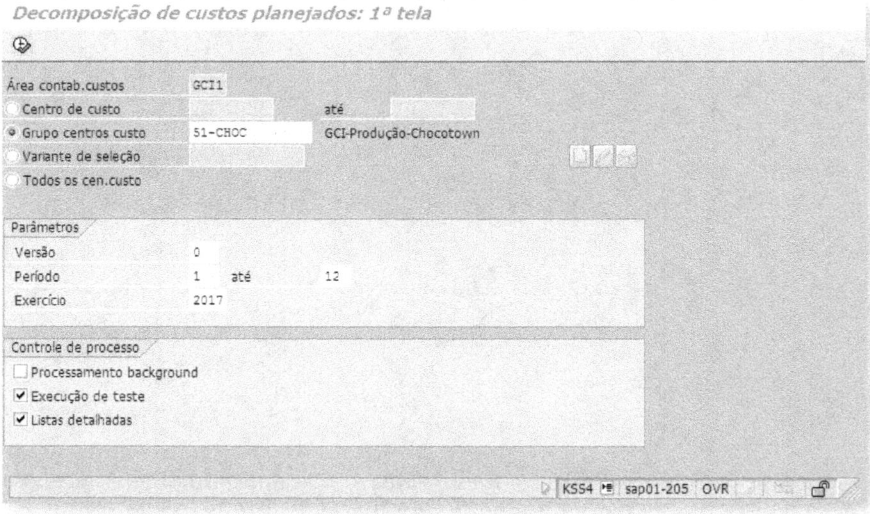

Figura 5.11: KSS4 — Tela inicial para planejar decomposição de custos

O caminho do menu é o seguinte: CONTABILIDADE • CONTROLLING • CONTABILIDADE DE CENTROS DE CUSTO • PLANEJAMENTO • ALOCAÇÕES • DECOMPOSIÇÃO.

Assim que Alex pressionou o botão EXECUTE no canto superior esquerdo da tela inicial em KSS4, ele foi para a tela da lista detalhada (consulte a Figura 5.12), onde reparou que o montante planejado independente da atividade, de $48.000,00, foi dividido uniformemente entre os tipos de atividades LABOR e MCHRS. Uma vez que não foi mantida nenhuma regra de divisão, o sistema decompôs os custos por igual. No entanto, é possível dividir este custo na razão de quantidades entre os dois tipos de atividade desejados.

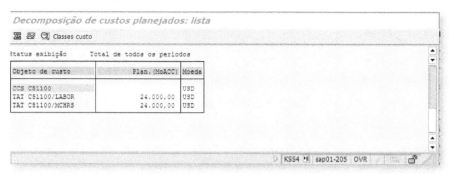

Figura 5.12: KSS4 — Tela de resultados para planejar decomposição de custos

5.5 Planejar cálculo do preço da atividade

Passo 6: Cálculo do preço da atividade (KSPI)

O último passo no planejamento do centro de custos é *planejar cálculo do preço da atividade,* que é conseguido executando a transação KSPI. Similar a outras transações de planejamento, Alex reparou em vários campos, tais como GRUPO DE CENTROS DE CUSTOS, VERSÃO, PERÍODO e ANO na tela de seleção, para além do processamento de fundo, ensaio e listas detalhadas.

O caminho do menu é o seguinte: CONTABILIDADE • CONTROLLING • CONTABILIDADE DE CENTROS DE CUSTO • PLANEJAMENTO • ALOCAÇÕES • DETERMINAÇÃO TARIFA.

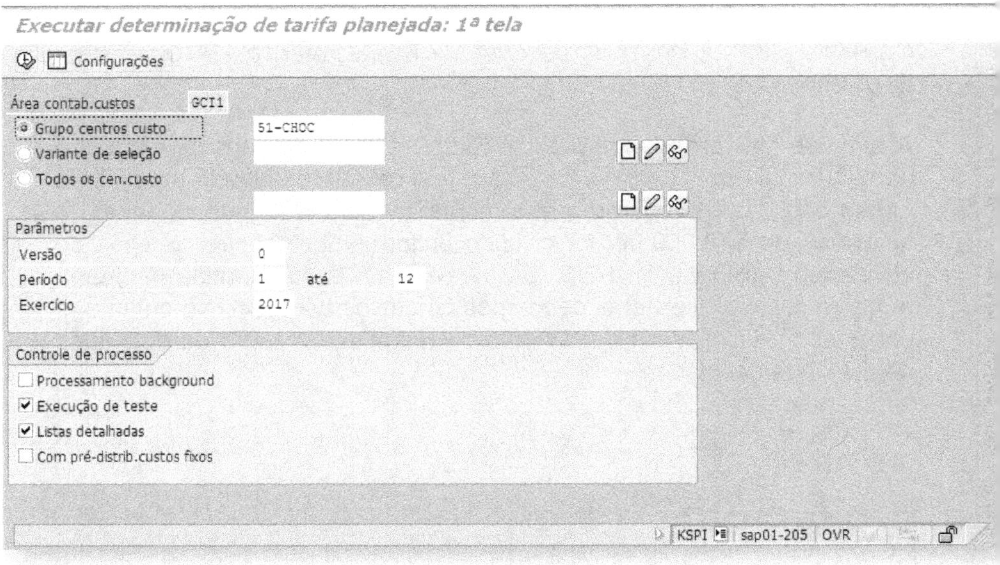

Figura 5.13: KSPI — Tela inicial para planejar cálculo do preço

Assim que Alex presionou o botão EXECUTE no canto superior esquerdo da tela inicial em KSPI (consulte a Figura 5.13), ele foi para a tela da lista detalhada (consulte a Figura 5.14). Ele reparou que os preços da atividade foram calculados para combinações do tipo centro de custo/atividade C51100/LABOR e C51100/MCHRS.

Alex percorreu os cálculos e validou a sua compreensão dos números em KSPI.

O tipo de atividade LABOR tem um custo total dependente de atividade de $180.000,00 (introduzido em KP06) para 6000 horas planejadas (introduzido em KP26), trazendo a taxa de atividade para $30,00/h. Além disso, foi determinado o custo independente de atividade de $24.000,00 (em decomposição de custo KSS4), aumentando assim a taxa em $4,00/h. O custo total de LABOR foi $34,00/h., no qual o componente fixo foi de $4,00.

O tipo de atividade MCHRS tinha um custo total dependente de atividade de $128.000,00 (introduzido em KP06) para 1800 horas planejadas (introduzido em KP26), trazendo a taxa de atividade para $70,00/h. Além disso, foi determinado um custo independente de atividade de $24.000,00 (em decomposição de custo KSS4), aumentando assim a taxa em $13,33/h. O custo total de MCHRS foi $83,33/h., do qual o componente fixo foi $73,33. Alex reparou que o sistema mostrou um preço fixo para MCHRS como sendo $7.333,33 com uma "unidade de preço" de 100. Isto foi feito para evitar diferenças de arredondamento.

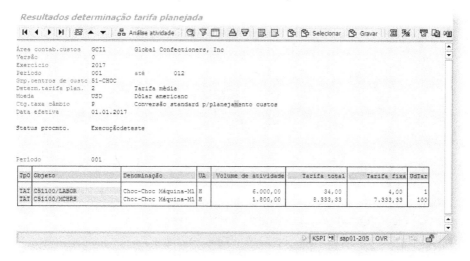

Figura 5.14: KSPI — Tela de resultados de planejamento de cálculo do preço

Alex queria agora ver o impacto final do passo do cálculo do preço planejado no relatório. Ele saltou para S_ALR_87013611 para ver que agora o lado do crédito dos custos planejados estava preenchido com os respectivos montantes atribuíveis aos dois tipos de atividade (consulte Figura 5.15). O montante líquido do débito menos o crédito era zero. Isto quer dizer que o plano do centro de custos foi totalmente absorvido.

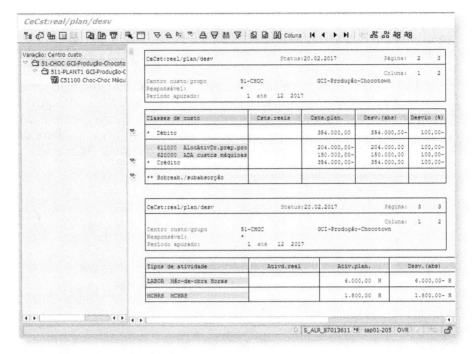

Figura 5.15: S_ALR_87013611 — Relatório do centro de custos (depois de o cálculo do preço da atividade ter sido executado)

Alex olhou mais uma última vez para este exemplo na folha de cálculo (consulte a Figura 5.16) e ficou impressionado pela forma que isto foi reproduzido no sistema. Claro que o seu exemplo apenas envolvia um centro de custos e uma série de elementos de custos para ser mais simples, mas ele queria comprovar o conceito e garantir que entendia as dependências de um passo em relação ao outro. Sem dúvida que existem múltiplos centros de custos envolvidos para toda a fábrica, assim como múltiplos elementos de custos para cada centro de custos, tornando o processo de planejamento muito complexo. É aqui que as funcionalidades do sistema podem se basear.

Exemplo de planejamento do centro de custo para C51100

Elemento de custo	Descrição	Atividade	Quantidade (Horas)	Montante (US $) Variável	Fixo	Total	Tarifa (US $/h) Variável	Fixo	Total
420000	Custos salariais diretos	LABOR		120.000,00		120.000,00			
449000	Outros custos com pessoal	LABOR		60.000,00		60.000,00			
		KP26	6.000	180.000,00	0,00	180.000,00	30,00	0,00	30,00
						KP06			
452000	Manutenção da máquina	MCHRS			36.000,00	36.000,00			
481000	Depreciação de contabilidade de custos	MCHRS			72.000,00	72.000,00			
416200	Consumo de eletricidade	MCHRS		18.000,00		18.000,00			
		KP26	1.800	18.000,00	108.000,00	126.000,00	10,00	60,00	70,00
						KP06			
405200	Utilização de material de escritório				1.800,00	1.800,00			
430000	Salários				12.000,00	12.000,00			
435000	Bônus anual				24.000,00	24.000,00			
470101	Refeições				4.800,00	4.800,00			
473000	Porte				5.400,00	5.400,00			
		*			0,00	48.000,00	48.000,00		
						KP06			
	Decomposição de custos	LABOR			24.000,00	24.000,00	0,00	4,00	4,00
		MCHRS			24.000,00	24.000,00	0,00	13,33	13,33
						KSS4			
	Cálculo do preço	LABOR		180.000,00	24.000,00	204.000,00	30,00	4,00	34,00
		MCHRS		18.000,00	132.000,00	150.000,00	10,00	73,33	83,33
				198.000,00	156.000,00	354.000,00			
						KSPI			

* Estes custos foram planejados no centro de custo da linha de produção para simplificar este exemplo. Estes custos também podem ser planejados em centros de custo da assistência e , em seguida, fluir através da avaliação do plano (KSUB) e/ou a distribuição do plano (KSVB).

Figura 5.16: Snapshot da folha de cálculo de um exemplo de planejamento de centro de custo

5.6 Planejar alocações

Durante a sua orientação, Alex conheceu as instalações de produção de Chocotown da GCI, que estavam divididas em duas fábricas. Os custos específicos da fábrica foram captados nos seus respectivos centros de custos. No entanto, havia certos custos que eram captados no centro de custos comum C51900.

Os custos captados no centro de custos comum eram atribuídos a centros de custos específicos da fábrica usando distribuições e avaliações.

A *distribuição* é um processo de alocação, no qual o elemento original de custo primário é transferido do emissor para o receptor. No entanto, no caso da *avaliação*, a alocação de custos é realizada usando um elemento de custo secundário. Em outras palavras, a identidade do elemento de custo perde-se caso se use uma avaliação.

A GCI usa uma combinação da distribuição e da avaliação no seu processo planejado e real, de modo a envolver dois códigos de transação.

KSVB – Planejar distribuição

Caminho do menu: CONTABILIDADE • CONTROLLING • CONTABILIDADE DE CENTROS DE CUSTO • PLANEJAMENTO • ALOCAÇÕES • DISTRIBUIÇÃO.

KSUB – Planejar valorização

Caminho do menu: CONTABILIDADE • CONTROLLING • CONTABILIDADE DE CENTROS DE CUSTO • PLANEJAMENTO • ALOCAÇÕES • RATEIO.

Alex também observou várias ferramentas para o planejamento do centro de custos. Ele as listou em uma pequena tabela (consulte a Figura 5.17) para referência.

Passos para o planejamento de centros de custo no GCI

Descrição da transação	Criar/Modificar	Propósito	Exibi
Definir perfil do planejador	KP04	Fornece a combinação de campos adequados para suas necessidades de planejamento	
Planejamento da quantidade de atividades	KP26	Planejamento da quantidade de atividades para o período de planejamento	KP27
Planejamento de custos dependentes das atividades	KP06	Planejamento de custos dependentes das atividades (diretos)	KP07
Planejamento de custos independentes das atividades	KP06	Planejamento de custos independentes das atividades (indiretos/gerais)	KP07
Divisão do centro de custo do plano	KSS4	Anexar custos independentes das atividades para tipos específicos de atividades	
Cálculo do preço das atividades do plano	KSPI	Calcular a taxa de absorção pré-determinada (taxa de carga)	

Ferramentas de planejamento do centro de custo

Descrição da transação	Código de transação	Propósito
Entrada direta de preços de atividades	KP26	As taxas do tipo de atividade são alimentadas manualmente, em vez de serem calculadas através do KSPI - Cálculo do preço do plano
Carregamento em massa das quantidades de atividades	KP26	Carrega as quantidades de atividades usando um arquivo de texto separado por vírgula (csv)
Dados sobre a quantidade de planejamento a longo prazo	KSPP	Transfere os dados do planejamento a longo prazo (LTP) para centros de custo (a introdução da quantidade de atividades através de KP26 pode ser evitada ou reduzida)
Carregamento em massa dos custos planejados	KP06	Carrega os custos usando um arquivo de texto separado por vírgula (csv)
Copiar do plano do ano anterior	KP97	O plano do ano anterior é a base para as fábricas do próximo ano
Copiar dos efetivos do ano anterior	KP98	O efetivo do ano anterior é a base para as fábricas do próximo ano
Distribuição dos custos do plano	KSVB	Alocação de custos (elemento de custo do remetente retido)
Avaliação dos custos do plano	KSUB	Alocação de custos (elemento de custo do remetente indisponível)
Relatório dos preços das atividades	KSBT	Relatório dos preços de atividade para o centro de custo/grupo de centros de custo

Figura 5.17: Passos de planejamento e ferramentas para planejamento do centro de custos

6 Absorção: Os centros de custos não são tipo esponja?

"De certa forma, até gosto de ser uma esponja. Onde quer que esteja, gosto de ter a mente aberta e obter ideias de todo o lado."
— Bethany Mota

Agora que o plano para o próximo ano está completo, é hora de ver de que modo os custos reais são registrados e absorvidos ao nível do centro de custos. Os centros de custos coletam custos ao longo de um mês e depois transmitem alguns dos custos durante o mês e no fim do mês. O processo de coletar e transmitir custos é chamado *absorção*.

6.1 Registro do custo real

Nem todos os custos vão para os centros de custos. Existem certos custos que são registrados como outros objetos de custos, por exemplo, ordem de produção, ordem de processo, ordens internas, elementos da estrutura analítica do projeto (EAP) e coletores de custos de produto. Esses custos que são diretamente atribuíveis a um objeto de custo e que serão registrados no objeto de custo, tal como uma matéria-prima consumida durante a produção, serão consumidos ao nível da ordem do processo. Uma matéria-prima consumida para um propósito específico de um ensaio será consumida a um nível de ordem interna. As horas de trabalho despendidas que erguem um novo conjunto de maquinaria que será usada para a produção podem ser cobradas a um elemento EAP. Um centro de custos, porém, é normalmente o emissor/receptor mais comum de custos em uma organização de produção.

Exemplos de lançamentos de centro de custos em instalações de produção são:

► Um centro de custos da linha de produção recebe normalmente os encargos salariais do pessoal do chão de fábrica dedicado a uma linha de produção em particular, assim como a depreciação da maquinaria que constitui a linha de produção.

▶ Um centro de custos de manutenção recebe os custos relacionados com as peças sobressalentes consumidas para a manutenção regular.

▶ Um centro de custos de energia recebe custos relacionados com potência, vapor e outros serviços consumidos para a fábrica.

▶ Um centro de custos comum da fábrica recebe custos para um salário de gestor de fábrica e todos os outros custos comuns que uma fábrica implica.

A seguir tem-se um exemplo que ilustra o fluxo de custos no relatório do centro de custos S_ALR_87013611.

A Figura 6.1 mostra que vários elementos de custo tiveram lançamentos reais para o centro de custos C511000, incluindo o elemento de custo 404000 (peças sobressalentes) no montante de $200,00.

O caminho do menu é o seguinte: Contabilidade • Controlling • Contabilidade de centros de custo • Sistema de informação • Comparações planej./real • Centros de custo: real/planejado/desvio.

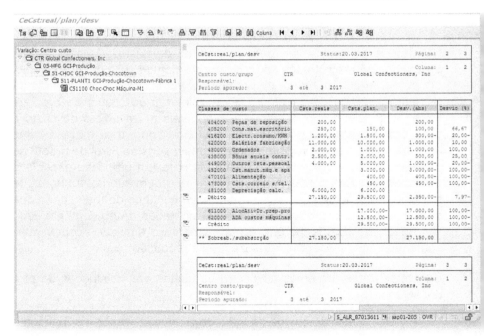

Figura 6.1: S_ALR_87013611 — Registro do custo real no centro de custo da linha de produção

A Figura 6.2 mostra que o centro de custo C51901 teve um lançamento de $2.000,00 para o elemento de custo 404000 (peças sobressalentes) e de $6.000,00 para o elemento de custo 452000 (manutenção da máquina).

Figura 6.2: S_ALR_87013611 — Registro do custo real no centro de custo da manutenção

6.2 Absorção da atividade

Um produto suporta os custos de material, de trabalho e custos indiretos utilizados na sua produção. O custo de material pode ser mais ou menos tangível e identificável com as entradas. Mas o trabalho e a medição dos custos indiretos baseiam-se normalmente no número de horas gastas na produção do produto. Efetivamente, é o *custo de conversão* para fazer o produto ou o custo de converter a matéria-prima em um material semiacabado ou de converter um material semiacabado em um material acabado.

Os preços de atividade planejados são calculados durante a fase de planejamento. Estes preços não são mais do que taxas de absorção predeterminadas, que serão utilizadas para cada unidade do tipo de atividade. Efetivamente, se o preço da atividade para o trabalho direto for $30,00/hora e a hora-máquina for $120,00/hora, um produto que consome duas horas de trabalho direto e três horas-máquina vai suportar $60,00 de absorção de trabalho direto e $360,00 de absorção de horas-máquina. Neste momento, a ordem de processo é debitada para o custo de $420,00 e o centro de custo fica creditado. É o crédito que fornece absorção, enquanto os débitos fornecem o custo real.

Agora, é muito provável que o débito de custo real sobre o centro de custo não seja igual ao que foi absorvido no centro de custo. A diferença é chamada *sobreabsorção/subabsorção* (consulte a Figura 6.3). Por outras palavras, a absorção perfeita (sem sobreabsorção/subabsorção) unicamente por lançamento de atividade é uma situação muito rara.

Poderia haver várias razões para a sobreabsorção/subabsorção, incluindo *variação do gasto* (gastar mais do que o planejado), *variação do volume* (produzir menos que o planejado ou quantidade de atividade foi menor que a planejada), *variação mista* (a mistura de tipos de produtos produzidos foi diferente do planejado) ou *variação de eficiência* (o trabalho era muito rápido e consumia menos horas de trabalho, ou as máquinas eram muito lentas e consumiam mais horas-máquina).

Esta sobreabsorção/subabsroção tem que ser passada para o produto (através do cálculo real do preço da atividade KSII e reavaliação CON2 de ordens) ou para outro centro de custo (através de um centro de custo para a alocação de centro de custos KSU5/KSV5) ou para o segmento de produtivifade (através do centro de custos para a alocação CO-PA KEU5) ou uma combinação de todos acima.

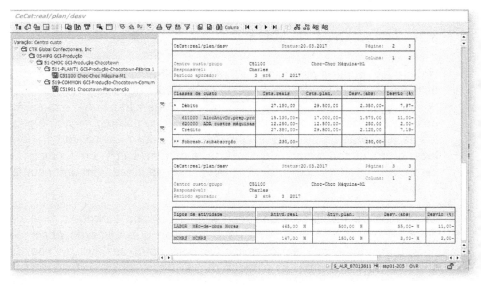

Figura 6.3: S_ALR_87013611 — Absorção da atividade sobre o centro de custo da linha de produção

6.3 Alocações reais

Para além dos custos registrados diretamente ao nível do centro de custos, tais como salários e depreciação, um centro de custos da linha de produção receberá custos de vários outros centros de custos na fábrica. Alguns dos exemplos de alocações de centros de custos são:

▶ Os custos de manutenção de um centro de custos de manutenção (os geradores mais comumente utilizados são horas-máquina ao longo de vários centros de custos da linha de produção).

▶ Os custos energéticos de um centro de custos de energia (o volume de produção ao longo de vários centros de custos da linha de produção pode ser utilizado como base de alocação. Se estiverem instalados contadores em cada departamento, que permitem o acompanhamento do consumo real de energia, pode ser feita uma alocação precisa utilizando números-chave estatísticos ou no ciclo de alocação).

▶ Suporta os custos com pessoal, tais como o salário do gestor da fábrica, custos financeiros, custos TI, custos de armazém, custos R&D e custos de qualidade (aqui também se pode usar o volume de produção ao longo de vários centros de custos da linha de produção como base de alocação).

Os custos podem ser alocados usando a distribuição (transação KSV5 em que o elemento de custo original é utilizado para alocar custos) ou valorizações (transação KSU5 — é utilizado um elemento de custo secundário conhecido por elemento de custo de avaliação para alocar custos). Outros métodos incluem a alocação de modelo (transação KPAS) e a transferência do custo real (KB11N).

A Figura 6.4 mostra a transação KSV3 com o CABEÇ SEGM. do DISTRIBUIÇÃO CICLO MAINT visível. 100% dos VALS. REAIS serão alocados na proporção da ATIVIDADE REAL.

O caminho do menu é o seguinte: CONTABILIDADE • CONTROLLING • CONTABILIDADE DE CENTROS DE CUSTO • PLANEJAMENTO • ALOCAÇÕES • DISTRIBUIÇÃO • SUPLEMENTOS • CICLO • EXIBIR.

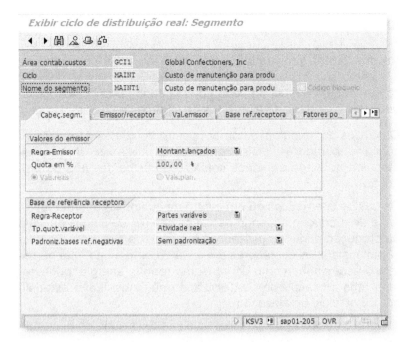

Figura 6.4: KSV3 — Cabeçalho do segmento MAINT de distribuição

A Figura 6.5 mostra o separador EMISSOR/RECEPTOR em que o EMISSOR CENTRO CUSTO C51901 enviará custos implicados no CLASSE DE CUSTO GRUPO ALL para o RECEPTOR CENTRO CUSTO GRUPO "511-PLANT1".

Isto significaria que o centro de custos C51901 (Manutenção de Chocotown) vai transferir todos os custos para o grupo do centro de custos 511-PLANT1, que inclui os seguintes centros de custos:

► C51100   Máquina de chocolate Chocotown M1

► C51101   Máquina de chocolate Chocotown M2

► C51102   Máquina de chocolate Chocotown M3

A Figura 6.6 mostra o separador BASE REF. RECEPTORA em que será usado o TIPO ATIVID MCHRS (horas-máquina) para alocar proporcionalmente os custos para os centros de custos do receptor.

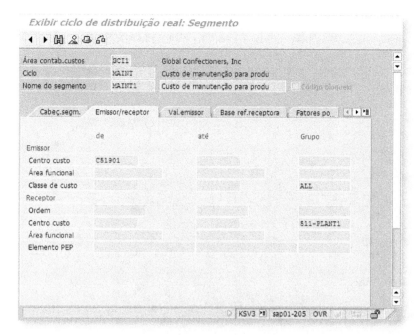

Figura 6.5: KSV3 — Distribuição emissor-receptor MAINT

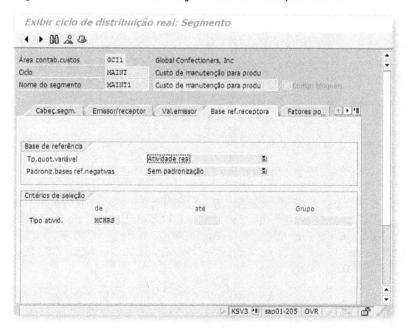

Figura 6.6: KSV3 — Fator de rastreamento do receptor MAINT de distribuição

A Figura 6.7 mostra EXECUTAR DISTRIBUIÇÃO REAL (transação KSV5) em que foram executados três ciclos, incluindo o ciclo MAINT.

O caminho do menu é o seguinte: CONTABILIDADE • CONTROLLING • CONTABILIDADE DE CENTROS DE CUSTO • PLANEJAMENTO • ALOCAÇÕES • DISTRIBUIÇÃO.

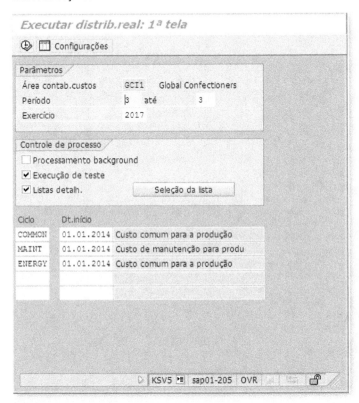

Figura 6.7: KSV5 — Executar distribuição

A Figura 6.8 mostra o resultado da distribuição real nos relatórios S_ALR_87013611. O centro de custos C51901 distribuiu os seus custos de $2.000,00 para o elemento de custo 404000 e de $6.000,00 para o elemento de custo 452000, para centros de custos do receptor C51100, C51101 e C51102.

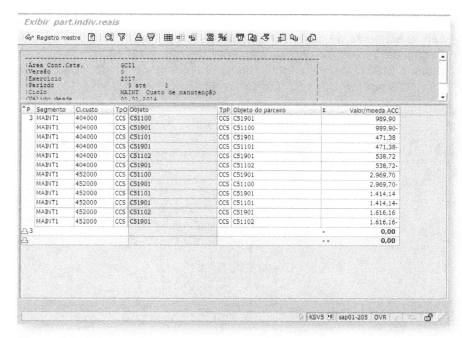

Figura 6.8: KSV5 — Resultados da distribuição

A Figura 6.9 mostra que o custo em C15901 está agora totalmente absorvido (não existe sobreabsorção/subabsorção).

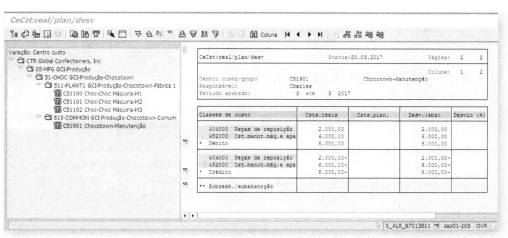

Figura 6.9: S_ALR_87013611 — Centro de custos de manutenção após as alocações reais

O centro de custos C51100 tinha originalmente um custo de $200,00 para o elemento de custo 404000 (peças sobressalentes). Após a distribuição de $1.047,62 para o elemento de custo 404000 do centro de custo C51901, o custo total para o elemento de custo 404000 em C51100 é agora $1.247,62 (consulte a Figura 6.1 e a Figura 6.10).

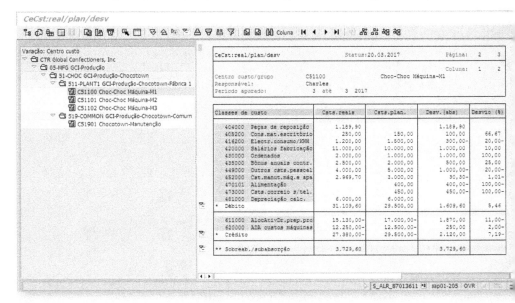

Figura 6.10: S_ALR_87013611 — Centro de custo da linha de produção após alocação

6.4   Decomposição do centro de custos real

Tal como quando se planeja a divisão do centro de custo, *a decomposição real do centro de custo* anexa os custos independentes da atividade a uma atividade específica. Os custos associados a um elemento de custo específico (ou um grupo de elementos) podem ser anexados a uma atividade que usa as regras de divisão mantidas na estrutura de divisão (transação OKES) e atribuição dos centros de custos à estrutura de divisão (transação OKEW).

6.4.1   Decompor a estrutura

O caminho do menu é o seguinte: FERRAMENTAS • CUSTOMIZING • IMG • SPRO PROCESSAMENTO DE PROJETO • CONTROLLING • CONTABILIDADE DE CENTROS DE CUSTO • LANÇAMENTOS REAIS • ENCERRAMENTO DO PERÍODO • ALOCAÇÃO DE ATIVIDADE • DECOMPOSIÇÃO • DEFINIR ESQUEMA DE DECOMPOSIÇÃO DE CUSTOS.

A Figura 6.11 mostra a ESQUEMAS DE DECOMPOSIÇÃO DE CUSTOS "GC" para linha de ATRIBUIÇÕES "LAB" (Trabalho) em que todos os custos no CLASSE DE CUSTO GRUPO "SPLIT_LAB" estão anexados ao TIPO ATIVID. "LABOR".

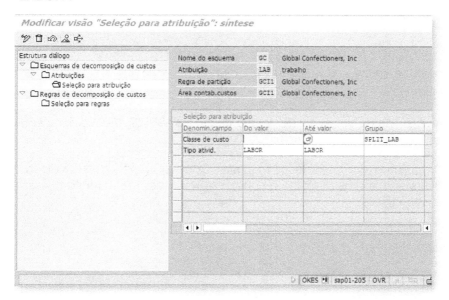

Figura 6.11: OKES — Organização da estrutura de divisão para trabalho

De igual modo, a Figura 6.12 mostra a ESQUEMAS DE DECOMPOSIÇÃO DE CUSTOS "GC" para a linha de ATRIBUIÇÕES "MCH" (horas-máquina) em que todos os custos no CLASSE DE CUSTO GRUPO "SPLIT_MCH" estão anexados ao TIPO ATIVID "MCHRS".

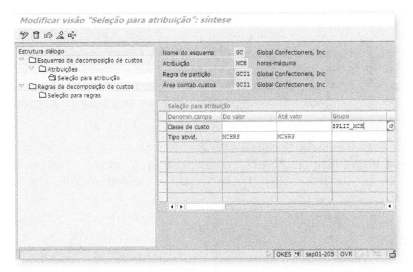

Figura 6.12: OKES — Organização da estrutura de divisão para horas-máquina

A definição do grupo de elementos de custos "SPLIT_LAB" é apresentada na Figura 6.13 (transação KAH3).

O caminho do menu é o seguinte: CONTABILIDADE • CONTROLLING • CONTABILIDADE DE CENTROS DE CUSTO • DADOS MESTRE • GRUPO CLASSES CUSTO • EXIBIR.

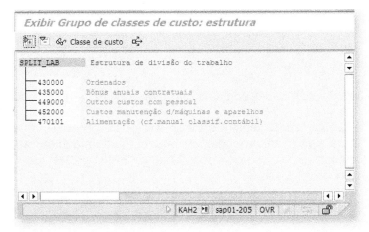

Figura 6.13: KAH3 — Grupo de elementos de custos para dividir trabalho

A definição do grupo de elementos de custos "SPLIT_MCH" é apresentada na Figura 6.14 (transação KAH3).

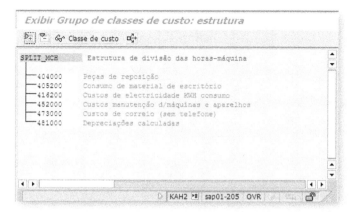

Figura 6.14: KAH3 — Grupo de elementos de custos para dividir horas-máquina

6.4.2 Atribuição de centros de custos para dividir estrutura

Os centros de custos estão anexados a uma regra de divisão específica (OKEW) (consulte a Figura 6.15).

O caminho do menu é o seguinte: FERRAMENTAS • CUSTOMIZING • IMG • SPRO PROCESSAMENTO DE PROJETO • CONTROLLING • CONTABILIDADE DE CENTROS DE CUSTO • LANÇAMENTOS REAIS • ENCERRAMENTO DO PERÍODO • ALOCAÇÃO DE ATIVIDADE • DECOMPOSIÇÃO • ATRIBUIR ESQUEMA DE DECOMPOSIÇÃO A CENTROS DE CUSTO.

Todos os centros de custos da linha de produção estão anexados à estrutura de divisão GC. Os centros de custos comuns ou centros de custos de envio não são mapeados com a estrutura de divisão. Em outras palavras, os centros de custos que estão associados a um tipo de atividade e têm um preço planejado/real calculado têm que ser atribuídos a uma estrutura de divisão.

Tanto OKES como OKEW fazem parte de uma organização da configuração que não deve mudar frequentemente.

Figura 6.15: OKEW — Atribuição de centros de custos para dividir estrutura

6.4.3 Decomposição de custos reais

A decomposição real de custos é realizada durante o encerramento do fim do mês, correndo a transação KSS2.

O caminho do menu é o seguinte: CONTABILIDADE • CONTROLLING • CONTABILIDADE DE CENTROS DE CUSTO • ENCERRAMENTO PERÍODO • FUNÇÕES INDIVIDUAIS • DECOMPOSIÇÃO.

A Figura 6.16 mostra a tela inicial da DECOMPOSIÇÃO DE CUSTOS (KSS2). A divisão pode ser feita no centro de custos ou ao nível do grupo de centros de custos.

A Figura 6.17 mostra a tela de resultados da DECOMPOSIÇÃO DE CUSTOS REAIS (KSS2). O grupo de elementos de custos e as combinações de preços de atividades são mantidos nas regras de divisão (OKES) e os grupos de elementos de custos (KAH3) são utilizados durante a divisão.

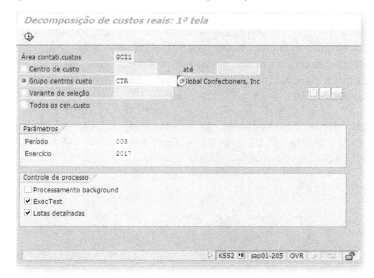

Figura 6.16: KSS2 — Decomposição de custos reais

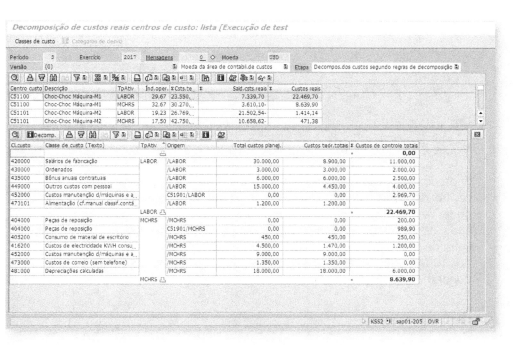

Figura 6.17: KSS2 — Resultados da decomposição de custos real

6.5 Cálculo do preço real da atividade

Assim que estiver estabelecida uma ligação entre um custo independente da atividade e um tipo de atividade através da divisão do centro de custos, é possível realizar o *cálculo do preço real da atividade* usando a transação KSII. O cálculo do preço pode ser realizado apenas ao nível do grupo de centros de custos; não pode ser realizado ao nível do centro de custos individual (consulte a Figura 6.18).

O caminho do menu é o seguinte: CONTABILIDADE • CONTROLLING • CONTABILIDADE DE CENTROS DE CUSTO • ENCERRAMENTO PERÍODO • FUNÇÕES INDIVIDUAIS • DETERMINAÇÃO TARIFA.

Figura 6.18: KSII — Tela inicial do cálculo do preço real da atividade

O preço real é calculado para cada tipo de atividade que foi anexada ao centro de custos dentro do grupo de centros de custos. Tal como se pode ver na Figura 6.19, o preço real da atividade foi calculado para tipos de atividade LABOR e MCHRS para três centros de custos da linha de produção C51100, C51101 e C51102. As unidades de preços de 10, 100, 1.000, ou 10.000 são utilizadas para reduzir os erros de arredondamento.

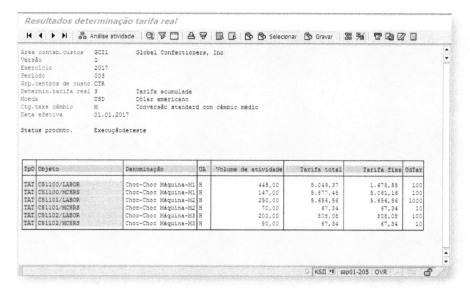

Figura 6.19: KSII — Resultados do cálculo do preço real da atividade

6.6   Reavaliação de atividades em ordens

Usando a transação CON2, o sistema vai lançar a diferença entre a taxa do plano e a taxa real e reavaliar as ordens com a taxa atual no fim do mês. Esta transação vai fornecer lançamentos adicionais ao centro de custos no lado do crédito e absorver efetivamente na totalidade o centro de custos.

O caminho do menu é o seguinte: CONTABILIDADE • CONTROLLING • CONTROLLING DE CUSTOS DO PRODUTO • CONTABILIDADE DE OBJETOS DE CUSTO • CONTROLLING DE PRODUTO POR ORDEM • ENCERRAMENTO PERÍODO • FUNÇÕES INDIVIDUAIS • REAVALIAÇÃO TARIFAS REAIS • PROCESSAMENTO COLETIVO.

A Figura 6.20 mostra a tela inicial para reavaliação de ordens a preços de atividade reais. Esta transação é executada ao nível da fábrica.

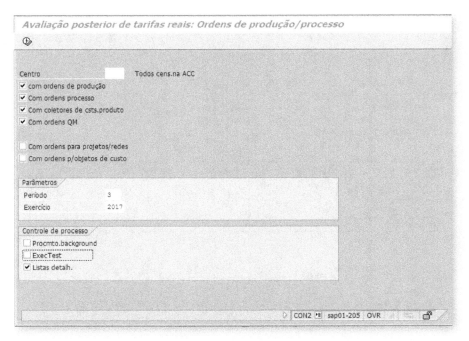

Figura 6.20: CON2 — Tela inicial para reavaliar ordens com o preço real

A Figura 6.21 mostra o resultado da reavaliação. O resultado fornece EMISSOR (centro de custos e combinação do tipo de atividades), RECEPTOR (número da ordem), CLASSE DE CUSTO e VALOR/MOEDA ACC (montante de reavaliação). As ordens 70000742 e 70000743 foram reavaliadas com a atividade LABOR no montante de $8.554,86 e MCHRS no montante de $(2.012,37). A reavaliação total para o centro de custos foi $6.542,49.

Este montante de reavaliação corresponde ao montante não absorvido de $6.542,48 para o centro de custos C51100, tal como se pode ver na Figura 6.10.

A Figura 6.22 mostra o resultado de reavaliação no relatório S_ALR _87013611. O centro de custo C51100 está agora totalmente absorvido.

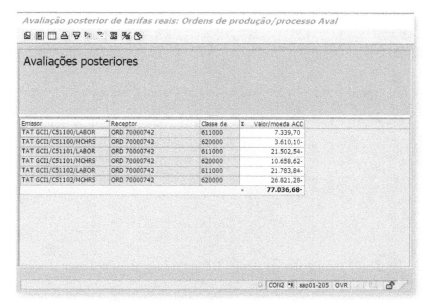

Figura 6.21: CON2 — Reavaliar ordens com resultados dos preços reais

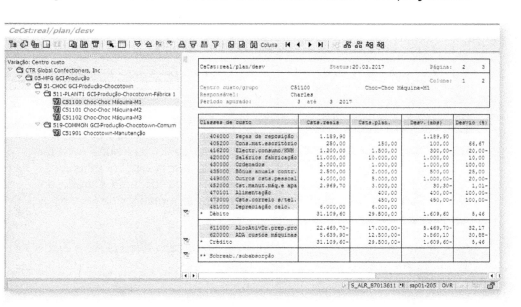

Figura 6.22: S_ALR_87013611 — Centro de custos da linha de produção após reavaliação com relação ao preço real

A Figura 6.23 mostra o resultado da reavaliação no relatório S_ALR_87013611. Todo os centros de custo estão agora totalmente absorvidos.

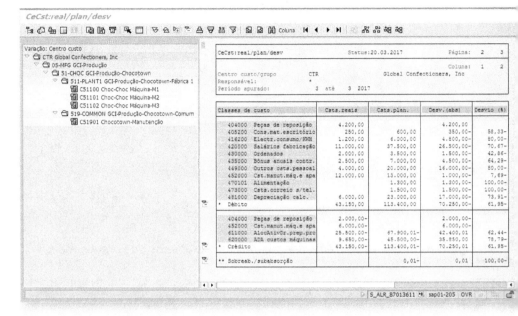

Figura 6.23: S_ALR_87013611 — Todos os centros de custos após reavaliação com relação ao preço real

Por vezes, a concepção do sistema pode necessitar que nem todos os elementos de custo estejam incluídos na divisão do centro de custos. Nesse caso, esses elementos de custos não serão passados para as ordens de produção/processo/internas usando a reavaliação. Estes custos vão precisar ser aprovados manualmente usando uma entrada do caderno ou uma avaliação para o segmento de rentabilidade usando a transação KEU5.

Alex anotou as transações importantes em uma tabela (consulte a Figura 6.24) para referência.

Transações de absorção do centro de custo usadas em GCI

Texto transação	código de transação	propósito
Executar distribuiçãoDistribuição do custo real	KSV5	Alocação de custos (remetente elemento de custo do remetente retido)
Executar rateioAvaliação do custo real	KSU5	Alocação de custos (elemento de custo emissor não disponíveldo remetente indisponível)
Atualizar esquemaManter a estrutura de decomposiçãodivisão	OKES	Configurar Estrutura Splitting (classesestrutura de divisão (elementos de custo, grupos, Aatividades)
Atribuir centros de custo à estrutura de divisão	OKEW	Configurar atribuição de centros de custo à estrutura de divisão
Decomposição custos reais: ctrs.cstdo centro de custo real	KSS2	Anexar custos Atividade Indepdent parada atividade independente a tipos específicos de atividades especificasatividade
Determ.tarifaCálculo do preço real: centros de custo da atividade	KSII	Calcular a taxa de absorção real (taxa de carga)
Aval.post.real: ord.prod. proc.colReavaliação dos preços reais	CON2	Revaloriza ordens de processo // produção com preço dereal da atividade real

Outras transações

Texto transação	código de transação	propósito
Centros de custo: real/plano/relatório de desvio	S_ALR_87013611	CentroRelatório do centro de Custo Report (Valor, Actividadescusto (quantidade, atividades, SKFs) - Plano vs Realplano versus real
Centros custo: tarifas tipos ativid.Relatório do preço da atividade	KSBT	Relatório dos preços de atividade para o grupo centro de custo //grupo de centros de custo
ExibirApresentação do centro de custo	KS03	Exibição deApresentação do centro de custo usado em ciclos de alocação
ExibirApresentação do grupo de centros de custo	KSH3	ExibiçãoApresentação do Centrogrupo de Custo Grupocentros de custo usado em ciclos de alocação
Exibir classeApresentação do elemento de custo	KA03	Exibição de classesApresentação do elemento de custo usado em ciclos de alocação
ExibirApresentação do grupo de classeselementos de custo	KAH3	ExibiçãoApresentação do grupo de Custo Elemento Grupoelementos de custo usado em ciclos de alocação
ExibirApresentação do tipo de atividade	KL03	Apresentação do tipo de atividade usado em ciclos de alocação
ExibirApresentação dos índices estatísticos (SKF)	KK03	Exibição da Apresentação de SKF usado em ciclos de alocação

Figura 6.24: Transações de absorção do centro de custos utilizadas na GCI

7 Custos do produto: Onde vão parar todos os custos diretos?

"No início, Deus criou o homem ...
e seguiram-se os custos."
— Aprofundou Patricia, Contadora de Gestão

O *custeio do produto* é a avaliação dos componentes do material e atividades em uma ordem de processo ou produção, utilizando os preços do material e taxas de atividade. Os valores planejados e reais são registrados e reportados com variações, e as variações são dispostas de acordo com a política da empresa. No custeio do produto, é onde acabam todos os custos diretos para um produto. Os custos indiretos neste contexto são as vendas e as despesas gerais e administrativas (SG&A em termos comuns), normalmente não absorvidas nos custos do produto.

A partir da perspectiva da avaliação de estoque, uma unidade de produção deveria incluir todos os custos de matéria-prima e custos de conversão, incluindo qualquer despesa indireta com a produção de um produto acabado.

7.1 Geradores de custeio do produto

O manual do usuário apresentava os seguintes geradores para os custeios do produto:

► As quantidades de material são derivadas (lidas) da lista de material (BoM ou BOM).

► Os componentes são custeados por método de custeio (padrão ou média de móvel/ponderada), fazendo a leitura dos valores guardados no banco de dados de materiais, registros de informação de compra (PIRs) ou qualquer outro método de avaliação do preço planejado, tal como a tendência do preço (média histórica).

▶ As atividades são lançadas aplicando as taxas de atividade à medida que o produto se move pelo encaminhamento (ou fórmula no caso da indústria do processamento) ou operações realizadas nos centros de trabalho (recursos no caso da indústria de processamento) nas instalações de produção.

▶ Os custos indiretos são absorvidos no custo do produto através dos tipos de atividade e/ou cálculo dos custos.

7.2 Dependências dos dados-mestre

BOM e o encaminhamento (ou fórmula) são comumente designados por *estrutura da quantidade*, o que significa que as quantidades para os custeios serão lidas a partir destes elementos de dados-mestre. Como se sabe, o BOM requer que o banco de dados de materiais seja definido, enquanto o encaminhamento (ou fórmula) requer que seja definido um centro de trabalho (ou recurso).

Um BOM usa o banco de dados de materiais para atingir a quantidade de material do componente e usa PIRs ou outros preços planejados para atingir as taxas às quais os materiais serão custeados.

Um encaminhamento (ou fórmula) usa o centro de trabalho (ou recurso) para atingir as quantidades de atividade. Os preços da atividade são mantidos para uma combinação específica do tipo de atividade e do centro de custo usando o planejamento do centro de custos.

Para a matéria-prima ou materiais semiacabados ou acabados, é utilizado o preço por banco de dados de materiais ou PIR durante o custeio. A *variante de avaliação* determina a sequência de acesso de preços (que preço deve ser utilizado primeiro, se o PIR ou o preço padrão do banco de dados dos materiais principais, ou o preço médio móvel do banco de dados de materiais).

Se uma fórmula usar um tipo de atividade para definir tempo, o tamanho do lote de custo utilizado durante os custeios terá um impacto sobre o custo definido por unidade. Um tamanho de lote de custeio maior resultaria em um custo definido menor por unidade. Em contrapartida, o tamanho de lote de custeios menor causaria um custo definido mais alto por unidade.

O manual de formação falava demoradamente sobre vários dados-mestre de produção, especificamente o banco de dados de materiais, o BOM, centro de trabalho (recurso) e encaminhamento (fórmula). Apesar de estes elementos de dados-mestre não serem propriedades de equipes financeiras ou de custeios do produto nem serem mantidos por elas, eles fazem parte integrante de SAP ERP. Estes elementos de dados-mestre fornecem uma poderosa integração entre os processos de produção e os custeios do produto.

7.3   Banco de dados de materiais

O *banco de dados de materiais* (ou simplesmente o material) é uma chave alfanumérica que identifica um material. Um material pode ser uma matéria-prima, um material semiacabado, um material acabado ou uma peça sobressalente. O material apresenta um agrupamento físico ou lógico com a mesma forma, adequação e função. A utilização do banco de dados de materiais é fundamental para o movimento dos bens. O material e a sua utilização usam spans ao longo dos múltiplos módulos SAP, assim como processos em uma organização. Assim que as transações estiverem lançadas, é muito difícil mudar alguns destes campos sem um significativo trabalho extra. Por isso, a definição do material é muito importante em uma fase inicial da implementação SAP.

Um material pode ser apresentado usando a transação MM03. Por poder haver múltiplas utilizações de um material, um banco de dados de materiais é definido com vistas que estão logicamente agrupadas por funções ou áreas de processo. Algumas das vistas em um banco de dados de materiais incluem: DADOS BÁSICOS; MRP; ESQUEMATIZAÇÃO DO TRABALHO; DDS.GERAIS CENTRO/ARMAZEN.; CONTABILIDADE; CÁLCULO DO PREÇO, etc.

O caminho do menu é o seguinte: LOGÍSTICA • ADMINISTRAÇÃO DE MATE-RIAIS • MESTRE DE MATERIAIS • MATERIAL • MATERIAL • EXIBIR • EXIBIR ESTA-DO ATUAL.

7.3.1   Os campos que têm impacto sobre os custos dos produtos e são propriedade das finanças

Contabilidade 1/Custeio 2

A Figura 7.1 mostra um exemplo de campos na vista CONTABILIDADE 1/CUSTEIO 2 do banco de dados de materiais.

A *classe de avaliação* fornece uma ligação entre o banco de dados de materiais e a FI. A classe de avaliação facilita o lançamento dos valores do estoque de materiais dos mesmos tipos de material para as mesmas contas GL.

O *Controle do preço* refere-se ao método da *avaliação de estoque*. O SAP Controlling oferece dois métodos de avaliação de estoque e de custeios de produtos: PRÇ.STANDARD (indicador "S") e PREÇO MÉDIO MÓVEL/PREÇO INTERNO PERIÓDICO (indicador "V"). Isto é identificado ao nível do banco de dados de materiais, podendo assim diferentes materiais usarem diferentes métodos de avaliação dentro de uma fábrica. No entanto, os materiais acabados e semiacabados que são produzidos internamente têm sempre de usar o indicador "S". Os itens produzidos podem usar "S" ou "V" dependendo da política corporativa/decisão do projeto.

Padrão versus controle do preço médio móvel
Os materiais acabados e semiacabados que são produzidos internamente têm sempre que usar o indicador "S". Os itens produzidos podem usar "S" ou "V" dependendo da política corporativa/decisão do projeto.

O campo *standard price* (ou standard cost – custo padrão) guarda o preço para o material. O preço deve ser expresso em unidade de preço por unidade base de medida na moeda indicada (por exemplo, USD 4.590/1.000 KG; EUR 2.961,29/1.000 KG). Se um material for avaliado por controle do preço médio móvel, o valor no campo do preço padrão é estatístico por natureza, ou seja, este campo não é usado no registro de transações de movimento de bens.

A *unidade de preço* evita questões de arredondamento, ao mesmo tempo que realiza as transações de movimento de bens.

Utilização da unidade de preço

 Um material com o preço de 29,37 centavos, ou $0,2937, deve ser criado com uma unidade de preço mínima de 100, de modo a que o preço seja $29,37/100 ou, melhor ainda, $293,70/1.000. Fazer isso evita diferenças de arredondamento.

O indicador *ledger de materiais ativo* significa que o ledger de materiais está ativo para esta fábrica. A bandeira é automaticamente colocada quando o ledger de materiais está ativado para essa fábrica.

O indicador *determinação do preço* aplica-se apenas quando o ledger de materiais é utilizado para essa fábrica. Ele estabelece as regras para envolver os custos no ledger de materiais — nível único (específico do material) ou de múltiplos níveis (custo de componentes envolvido em materiais produzidos).

O *preço médio móvel* é o preço ao qual o material é avaliado. A avaliação de estoques ao preço médio móvel quer dizer que o preço do material é ajustado para refletir as flutuações contínuas no preço de aquisição. Se um material for avaliado por controle do preço padrão, o valor no campo do preço médio móvel é estatístico por natureza, ou seja, este campo não é usado no registro de transações de movimento de bens.

A *categoria de avaliação* é utilizada quando é ativado *dividir avaliação*. É um indicador que determina se os estoques para o material são valorizados em conjunto ou separados. Se a categoria de avaliação for mantida com um indicador de lote, o material é valorizado ao nível do *lote*, ou seja, cada lote individual terá o seu próprio custo. Se a categoria de avaliação estiver vazia, todos os lotes estão valorizados com o mesmo custo. Este indicador determina também que tipos de avaliação são permitidos, ou seja, os critérios pelos quais os estoques podem ser valorizados.

O *tipo de avaliação* é o valor individual abaixo do nível de material. Este campo é apenas utilizado quando está ativado Dividir avaliação; quando cada lote é um tipo de avaliação. Se um material for valorizado por origem, doméstico ou importado, cada origem é um tipo de avaliação.

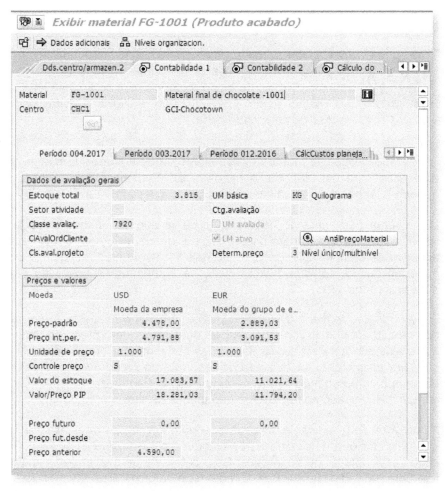

Figura 7.1: MM03 — Vista Contabilidade 1

Contabilidade 2

A Figura 7.2 mostra um exemplo de campos na vista CONTABILIDADE 2 do banco de dados de materiais

O PREÇO VALOR FISCAL 1 é o preço ao qual o material é avaliado para efeitos de avaliação de taxa. Este preço pode ser determinado com diferentes estimativas de custos padrão ou pode ser definido manualmente.

O PREÇO VALOR COM. 1 é o preço ao qual o material é valorizado para efeitos de avaliação comerciais. Este preço pode ser determinado com diferentes estimativas de custos padrão ou pode ser definido manualmente.

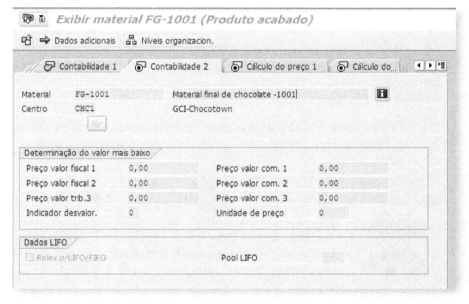

Figura 7.2: MM03 — Vista Contabilidade 2

Custeio 1

A Figura 7.3 mostra um exemplo de campos na vista CÁLCULO DO PREÇO 1 do banco de dados de materiais.

O indicador *Não custear* verifica se pode ser criada uma estimativa de custo para um material. O material não é custeado se o indicador estiver marcado.

Os *grupos de origem* são utilizados para repartir custos abaixo de um nível de elemento de custo. Os grupos de origem são atribuídos a um componente de custo, de modo a que os custos possam ser vistos a este nível.

O indicador *com estrutura de quantidade* melhora o desempenho no momento da exposição da estrutura durante os custeios.

O indicador *origem do material* ajuda a analisar custos de material durante o relatório ao fornecer detalhes sobre o número de materiais.

As variações só podem ser calculadas para as ordens, para as quais foi mantida uma *chave de variação*. Todos os materiais produzidos precisam ter uma chave de variação. Deve ser definido um valor padrão para a chave de variação.

O *grupo de custos indiretos* é uma chave que define que base de custos indiretos/fórmula será aplicada ao material enquanto executa a estimativa do custo padrão.

Grupo de custos indiretos para frete

O grupo de custos indiretos de 10% do frete sobre matéria-prima, 8% de frete sobre materiais de embalagem e 3% de custo sobre outros fornecimentos pode ser definido para incluir o frete estimado em custos padrões.

O campo *profit center* identifica o departamento responsável, o local ou uma linha de produto de uma unidade de negócios, dependendo da constituição do centro de lucros implementado. O centro de lucros sobre o material será derivado de dados transacionais incluindo ordem de processo, ordem de compra e ordem de venda.

O *tamanho do lote de custeio* é a quantidade utilizada para estimativas de custos. O tamanho do lote de custeio tem que ser o mesmo ou maior que a unidade de preço na tela da contabilidade.

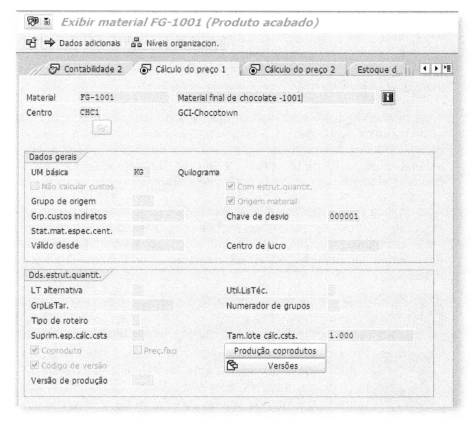

Figura 7.3: MM03 — Vista Cálculo do preço 1

Custeio 2

A Figura 7.4 mostra um exemplo dos campos na vista CÁLCULO DO PREÇO 2 do banco de dados de materiais.

A estimativa do custo marcado é guardada no campo *future planned price*. Este campo é atualizado quando o passo "marcar estimativa de custo" é realizado na transação CK24/CK40N. Ele não pode ser atualizado diretamente no banco de dados de materiais.

A estimativa do custo aprovado é guardada no campo *current planned price* (o valor neste campo é também atualizado no campo *standard price*). Ambos estes campos são atualizados durante o passo "aprovar estimativa de custo" na transação CK24/CK40N e não podem ser atualizados diretamente no banco de dados de materiais.

A estimativa de custo previamente aprovada é guardada no campo *previous planned price*. Este campo é atualizado quando é aprovada uma nova estimativa de custo. Idêntico ao preço planejado futuro e atual, este campo não pode ser atualizado diretamente no banco de dados de materiais.

Atualizar estimativas de custos no banco de dados de materiais
Os campos de preço planejado futuro, atual e prévio não podem ser atualizados diretamente no banco de dados de materiais. Eles são atualizados quando é realizado o passo de marcar estimativa de custos/aprovar na transação CK24/CK40N.

O *Planned price 1* é um preço manualmente definido, que pode substituir outros preços se estiver configurado na sequência de acesso da variante de avaliação.

A *Planned price date 1* é a data a partir da qual o preço planejado é efetivo (relevante para dados de avaliação ao executar os custos).

Figura 7.4: MM03 — Vista Cálculo do preço 2

7.3.2 Campos não diretamente possuídos pelas finanças, mas que exercem impacto sobre os custos dos produtos

Dados básicos 1

A Figura 7.5 mostra um exemplo de campos na vista DADOS BÁSICOS 2 do banco de dados de materiais.

A *Base unit of measure* é a unidade na qual será expresso o custeio, nas vistas de custos e contabilidade. A unidade base de medida que será utilizada requer uma deliberação cuidadosa na fase de concepção, pois não pode ser mudada quando forem realizadas transações mantidas e dependentes.

Unidade base da decisão de medida

 Os produtos acabados, tais como barras de chocolate, devem ser mantidos em gramas, quilogramas ou caixa a caixa? O papel alumínio utilizado para embalar o chocolate deve ser mantido em metros, centímetros, pés, polegadas ou todos? Estas são questões válidas e decisões importantes que precisam ser feitas em uma fase inicial da implementação do sistema. Uma grande quantidade de dados-mestre posteriores, dados de transação e processos depende da unidade base da decisão da medida. Assim que um material for usado para transações, é muito difícil mudar a sua unidade de medida.

O software de controle SAP fornece uma funcionalidade de *unidades alternativas de medida*, em que é mantida a conversão entre unidades alternativas e unidade de base.

Unidades alternativas de medida

 Se um material acabado é criado com uma unidade base de medida de caixa, mas existe a necessidade de adicionalmente acompanhar o peso do material em quilogramas, então a conversão do caso para quilogramas é mantida em unidades alternativas de medida

As unidades de medida que pertencem à mesma dimensão não precisam ser mantidas em unidades alternativas. A título de exemplo, se um material for criado com uma unidade base de medida de quilogramas, não existe a necessidade de manter a conversão de quilogramas para gramas ao nível do banco de dados de materiais. O sistema vai automaticamente derivar a conversão como 1.000 gramas para um quilograma, uma vez que ambos pertencem à dimensão 'massa'. No entanto, uma conversão deste material de quilogramas para metros cúbicos terá que ser mantida como uma unidade alternativa, tendo em conta que os metros cúbicos pertencem à dimensão 'volume'.

O *Material status* é utilizado para determinar que transações são permitidas para o estado de material indicado. O *Cross-plant material status* mantido na vista BASIC DATA aplica-se a todas as fábricas. O *Plant-specific material status* nas vistas da fábrica (MRP1 e COST 1) sobrepõe-se ao estado na vista BASIC DATA.

A *hierarquia do produto* é uma cadeia de caracteres alfanuméricos utilizada para estruturar características do produto, por exemplo AA-BBB-CCCC-DD-E. O design da hierarquia do produto tem impacto sobre a CO-PA e o relatório de vendas.

Figura 7.5: MM03 — Vista Dados básicos 1

111

MRP2/Custeio 1

O *planejamento de necessidades de materiais* (MRP) é importante de um ponto de vista do planejamento. Há poucos campos que influenciam os custeios.

O *Material status* é utilizado para determinar que transações são permitidas para um estado de material em particular. O CROSS STATUS MATERIAL P/TODOS OS CENTROS mantido na vista *dados básicos* aplica-se a todas as fábricas. O STATUS DO MATERIAL nas vistas da fábrica (*MRP1* e *Cálculo do preço 1*) sobrepõe-se ao estado na vista de dados básicos.

A TIPO DE SUPRIMENTO ESPECIAL 30 é utilizada para subcontratação. As opções na chave especial de aquisição incluem:

- ▶ 10 Consignação
- ▶ 20 Aquisição externa
- ▶ 30 Subcontratação
- ▶ 40 Transferência de estoque (aquisição da fábrica alternativa)
- ▶ 45 Transferência de estoque da fábrica para a área MRP
- ▶ 50 Conjunto dummy
- ▶ 52 Produção direta/ordem coletiva
- ▶ 60 Requisitos independentes planejados
- ▶ 70 Reserva da fábrica alternativa
- ▶ 80 Produção em fábrica alternativa

MRP2

A Figura 7.6 mostra um exemplo de campos na vista MRP2 do banco de dados de materiais.

O *tipo de aquisição* indica se um produto é adquirido (F), produzido internamente (E), ou ambos (X). Este campo é importante tanto de uma perspectiva de MRP quanto de custeio. Se um material tiver o sinal de comprado, um cálculo de custeios vai procurar o preço de compra. Se o material tiver o sinal de produzido, um cálculo de custeios vai procurar um BOM/fórmula principal para o custo. Se o indicador para ambos for mantido, o programa para executar o custeio vai primeiramente tentar custear o material como interno. Se os custeios não forem bem-sucedidos como os internos, o material será avaliado como comprado.

O indicador *confirmação* pode ser definido no banco de dados de materiais. Ele influencia se um material do componente será emitido diretamente (a quantidade exata consumida será introduzida explicitamente) ou predefinida a partir de um padrão BOM. São possíveis dois indicadores para confirmação:

1. Sempre confirmar.
2. O centro de trabalho decide se deve confirmar.

Se for selecionada a opção 1, o valor predefinido em BOM será usado para consumo. Se for mantido como opção 2 ou se for deixado vazio, a regra de confirmação pode ser definida no encaminhamento individual/fase de fórmula.

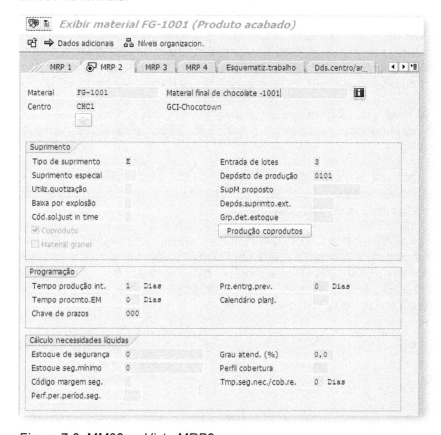

Figura 7.6: MM03 — Vista MRP2

7.4 Lista de material

Uma *lista de material* é uma lista detalhada de componentes necessários para perfazer um produto semiacabado (SFG) ou produto acabado (FG). A lista contém o número do objeto, a quantidade e a unidade de medida de cada componente. Os componentes são conhecidos por itens BOM.

Um produto pode ser produzido usando um ou mais BOMs diferentes devido a diferentes métodos de produção. Cada conjunto de BOMs é chamado *BOM alternativo*.

As listas de materiais são específicas às fábricas (onde o mesmo material acabado pode ser produzido usando diferentes componentes em diferentes fábricas).

O USAGE 1 de BOM é aplicável ao MRP, assim como a produção, e pode ser também opcionalmente usado para custear. O USAGE 6 de BOM é aplicável aos custeios. Manter diferentes usos de BOM implica uma dupla manutenção (tal como o uso 1 de BOM tem que ser mantido para a produção e o uso de 6 BOM tem que ser mantido para os custeios).

BOM para o uso 1 gera requisitos de planejamento. A procura cria requisitos dependentes que levam à substituição de componentes e materiais a granel.

Um *material dummy* está contido em um BOM que não é custeado e não contém estoque. É utilizado unicamente para facilitar a manutenção de certos grupos de componentes.

A Figura 7.7 mostra EXIBIR LISTA TÉCNICA MATERIAL (transação CS03) para cabeçalho de material FG-1001 para o qual existe um material do componente – RAW-1001. O caminho do menu é o seguinte: LOGÍSTICA • PRODUÇÃO • DADOS MESTRE • LISTAS TÉCNICAS • LISTAS TÉCNICAS • LISTA TÉCNICA DO MATERIAL • EXIBIR.

Figura 7.7: CS03 — Lista de material

A Figura 7.8 mostra a bandeira RELEVÂNCIA PARA CÁLCULO DE CUSTOS na vista STATUS/TXTDSCR. ao nível do item BOM.

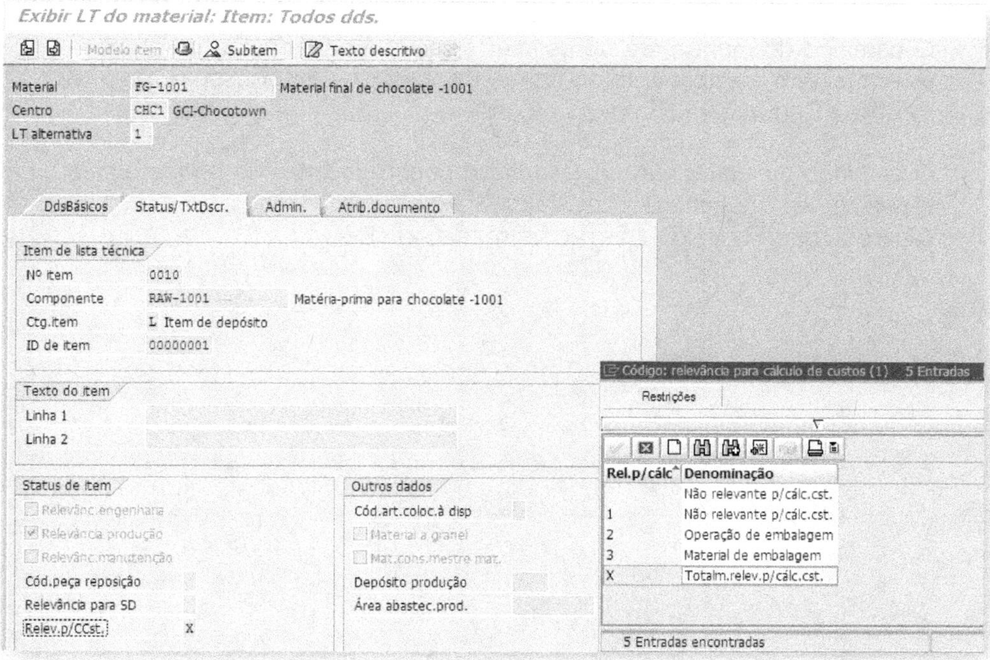

Figura 7.8: CS03 — Bandeira de relevância dos custeios de BOM

115

7.5 Centro de trabalho/recurso

Um *recurso* (ou *centro de trabalho* no caso de produção repetitiva) representa uma área de processamento, máquina individual, um grupo de máquinas ou uma linha de produção inteira. Cada passo de produção operacional é realizado como um recurso de produção. Os recursos de produção são criados para representar uma área de processamento, máquina individual, um grupo de máquinas ou uma linha de produção inteira. Os recursos de produção estão ligados a centros de custos para definir o cálculo dos custos e o relatório. Os recursos de produção são criados ao nível da fábrica.

A Figura 7.9 mostra EXIBIR RECURSO: CÁLC. CUSTOS (transação CRC3). Os TIPO DE ATIVIDADE predefinidos são mantidos com uma fórmula para custeios.

O caminho do menu para apresentar o recurso na indústria de processamento é o seguinte: LOGÍSTICA • PRODUÇÃO – PROCESSO • DADOS MESTRE • RECURSOS • RECURSO • EXIBIR.

O caminho do menu para apresentar o centro de trabalho na produção repetitiva é o seguinte: LOGÍSTICA • PRODUÇÃO • DADOS MESTRE • CENTROS DE TRABALHO • CENTRO DE TRABALHO • EXIBIR.

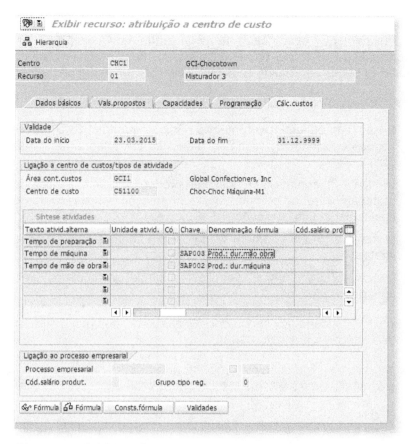

Figura 7.9: CRC3 — Separador Resource costing

7.6 Encaminhamento/fórmula principal

É exigida uma *fórmula principal* para cada SFG ou FG produzido e é uma combinação de BOM e encaminhamentos (passos da operação). Consiste de um cabeçalho e de várias operações. Cada operação é executada em um recurso.

117

É utilizada uma versão da produção para ligar uma alternativa BOM a um encaminhamento (operações), de modo a que a concepção da fórmula principal seja completa. Isto é muito importante quando um produto tem múltiplos BOMs e múltiplos encaminhamentos.

Uma fórmula tem vários separadores:

▶ CABEÇALHO DE RECEITA: contém o nome do produto, SKU, quantidades escalonáveis válidas e requisitos QA (planos de inspeção).

▶ OPERAÇÕES: contata o processo de produção, define, verifica os materiais, introduz produto, etc. e informação sobre recursos e custos para cada operação.

▶ MATERIALS: BOM – contém números de materiais e proporções exatas.

▶ DADOS ADMINISTRAVITOS: permite o controle da mudança (versão, dados efetivos).

A Figura 7.10 mostra o separador OPERAÇÕES do menu EXIBIR PRESCRIÇÃO MESTRE (transação C203).

O caminho do menu é o seguinte: LOGÍSTICA • PRODUÇÃO – PROCESSO • DADOS MESTRE • RECEITAS MESTRE • RECEITA E LISTA DE MATERIAIS • EXIBIR.

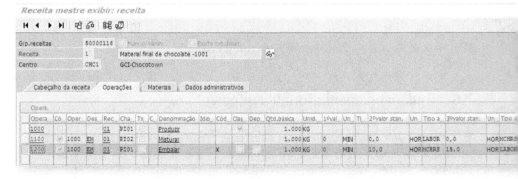

Figura 7.10: C203 — Vista de operações da fórmula

A Figura 7.11 mostra detalhes da operação. Leva 10 horas-máquina e 15 horas de trabalho em RECURSO 01 para produzir 1.000 KG deste produto. Estas horas são representadas por tipo de atividade. A título de exemplo, digamos que três trabalhadores estão operando esta máquina e existe um plano para serem apenas dois. A fórmula necessitará de ser atualizada para refletir esta mudança para 10 horas de trabalho em vez de 15 horas.

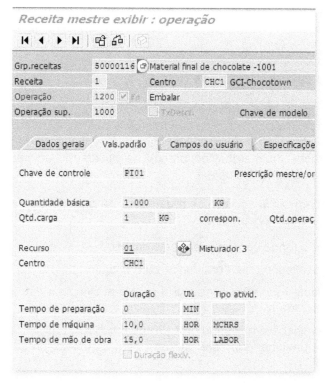

Figura 7.11: C203 — Vista detalhada da operação da fórmula

7.7 Custos envolvidos durante o custeio

Os elementos de custeio do produto são os seguintes:

► Variante de cálculo — determina várias estratégias para cálculo.

► Tipos de atividade — determina a taxa de quantidade que será utilizada para absorver custos diretos e indiretos (trabalho, equipamento, etc.).

► Elemento de custo — determina de que modo os custos serão resumidos.

► Cálculo dos custos — determina como os custos indiretos serão adicionados.

► Estimativa de custo — detém os custos planejados para um material ou ordem de processo.

► Correr o custeio — permite o custeio de múltiplos materiais ao mesmo tempo.

7.7.1 Variante de cálculo de custos

A *variante de cálculo de custos* é um repositório de certas regras comerciais que contêm todos os parâmetros de controle para cálculo, incluindo parâmetros que controlam de que modo as estimativas de custos são executadas e os preços do material ou preços da atividade que são utilizados para avaliar os itens de custeio.

No cálculo do material (cálculo com e sem estrutura da quantidade), a variante de cálculo determina o seguinte:

► Tipo de custeio (onde você vai usar este custeio).

► Variante de avaliação (que será usada para o custeio).

► Controle da data (que data será usada para a avaliação e estrutura da quantidade).

► ID de determinação da estrutura da quantidade (qual é o BOM/fórmula principal que será utilizada para o custeio, produção, etc.).

► Controle de transferência (se os componentes serão novamente custeados ou se passarão o seu custo de envolvimento existente).

A Figura 7.12 mostra a organização da configuração VARIANTES DE CÁLCULO DE CUSTOS (transação OKKN).

O caminho do menu é o seguinte: FERRAMENTAS • CUSTOMIZING • IMG • SPRO PROCESSAMENTO DE PROJETO • CONTROLLING • CONTROLLING DE CUSTOS DO PRODUTO • PLANEJAMENTO DE CUSTOS DO PRODUTO • CÁLC.CUSTOS MATERIAL COM ESTRUT.QUANT. • DEFINIR VARIANTES DE CÁLCULO DE CUSTOS.

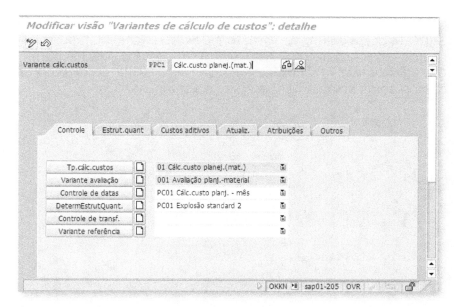

Figura 7.12: OKKN — Variante de cálculo de custos

7.7.2 Variante de avaliação

A *variante de avaliação* define de que modo o material, atividades, sub-contratantes e sobretaxas indiretas serão avaliados usando sequências de estratégia para cada um, tais como o primeiro uso 1, se não tiver valor, uso 2, etc.

▶ Avaliação do material — preço do registro informativo de compra.

▶ Atividades — preço planejado para o período.

▶ Subcontratante — preço líquido da ordem de compra.

▶ Processamento externo — preço efetivo da cotação.

▶ Custo indireto — cálculo dos custos PP-PC1.

A Figura 7.13 mostra a organização da configuração VARIANTES DE AVALIAÇÃO (transação OKK4).

121

O caminho do menu é o seguinte: FERRAMENTAS • CUSTOMIZING • IMG • SPRO PROCESSAMENTO DE PROJETO • CONTROLLING • CONTROLLING DE CUSTOS DO PRODUTO • PLANEJAMENTO DE CUSTOS DO PRODUTO • CÁLC.CUSTOS MATERIAL COM ESTRUT.QUANT. • VARIANTE DE CÁLCULO DE CUSTOS: COMPONENTES • DEFINIR VARIANTES DE AVALIAÇÃO.

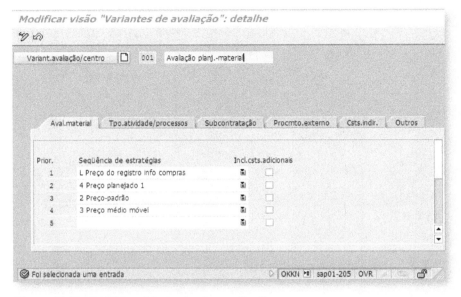

Figura 7.13: OKK4 — Variante de avaliação

7.7.3   Esquema de cálculo de custos

É utilizado um *esquema de cálculo de custos* para alocar custos indiretos a um produto.

Uma percentagem especificada de custo indireto é aplicada ao produto com base nas questões materiais ou encargos da atividade laboral na ordem de produção.

Os centros de custos com os custos indiretos são creditados.

Exemplos do cálculo dos custos indiretos incluem:

► Custo do frete de entrada como uma percentagem do custo do material base.

► $/quilograma com base no peso do material.

▶ $/quilograma com base no peso do material para grupo de origem específico.

▶ $/hora com base em horas gastas (a utilização de taxas indiretas pode dar resultados similares aos da utilização do tipo de atividade, mas usa um veículo diferente para custos de absorção).

A Figura 7.14 mostra a organização da configuração ESQUEMAS DE CÁLCULO DE CUSTOS (transação KZS2).

O caminho do menu é o seguinte: FERRAMENTAS • CUSTOMIZING • IMG • SPRO PROCESSAMENTO DE PROJETO • CONTROLLING • CONTROLLING DE CUSTOS DO PRODUTO • PLANEJAMENTO DE CUSTOS DO PRODUTO • CONFIGURAÇÕES GLOBAIS P/CÁLCULO DE CUSTOS DO MATERIAL • SOBRETAXAS DE CUSTOS INDIRETOS • DEFINIR ESQUEMAS DE CÁLCULO DE CUSTOS.

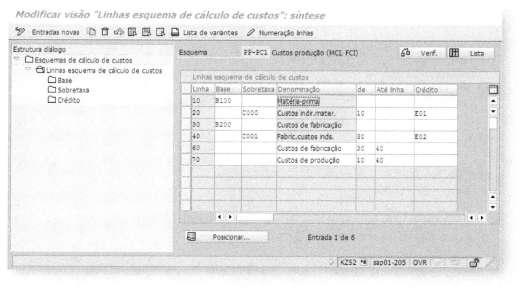

Figura 7.14: KZS2 — Esquema de cálculo de custos

7.7.4 Estimativa de custo

Uma *estimativa de custo* é o custo planejado de um portador do custo de produção. Utiliza o BoM e o encaminhamento (estrutura da quantidade) para chegar ao custo planejado, que pode ser transferido para o banco de dados de materiais como um preço planejado a ser utilizado

no custo do produto para avaliar o material. A variante de cálculo controla qual estimativa de custo deve ser considerada para a estimativa do
custo padrão.

A Figura 7.15 mostra CRIAR CÁLCULO CUSTOS COM ESTRUT.QUANTIT. (transação CK11N) no separador DADOS CÁLC. CUSTOS.

O caminho do menu é o seguinte: CONTABILIDADE • CONTROLLING • CON-
TROLLING DE CUSTOS DO PRODUTO • PLANEJAMENTO DE CUSTOS DO PRO-
DUTO • CÁLCULO DE CUSTOS DO MATERIAL • CÁLCULO CUSTOS COM EST-
RUT.QUANTIT. • CRIAR.

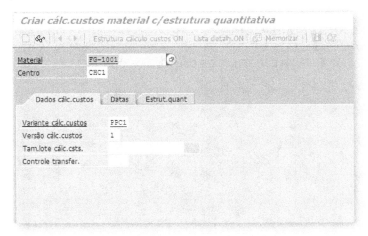

*Figura 7.15: CK11N — Tela inicial para criar cálculo de custos com es-
trutura quantitativa*

A Figura 7.16 mostra CRIAR CÁLCULO CUSTOS COM ESTRUT.QUANTIT. (transação CK11N) no separador DATAS.

Datas na estimativa de custo

 DATA CÁLC.CUSTOS: DE não pode estar no passado para
uma estimativa de custo padrão que é aprovada para o
banco de dados de materiais. As datas de validade de
BOM e encaminhamento/fórmula utilizadas para o custeio vão depender da DTAESTRUTQUANTIT. O material e
os preços da atividade vão depender da DATA AVALIAÇÃO selecionada
na tela de seleção da estimativa de custo.

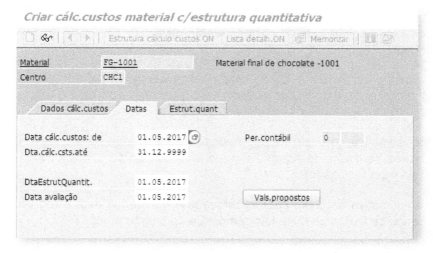

Figura 7.16: CK11N — Criar estimativa de custo com datas da estrutura quantitativa

A Figura 7.17 mostra os resultados de EXIBIR CÁLCULO CUSTOS COM EST-RUT.QUANTIT. (transação CK13N).

O caminho do menu é o seguinte: CONTROLLING • CONTROLLING DE CUSTOS DO PRODUTO • PLANEJAMENTO DE CUSTOS DO PRODUTO • CÁLCULO DE CUSTOS DO MATERIAL • CÁLCULO CUSTOS COM ESTRUT.QUANTIT. • EXIBIR.

Figura 7.17: CK11N — Tela de resultados Criar cálculo de custos com estrutura quantitativa

Assim que a estimativa de custo for revista e validada para efeitos de precisão, as estimativas de custos são MARCAÇÃO e LIBERAÇÃO (transação CK24).

O caminho do menu é o seguinte: CONTROLLING • CONTROLLING DE CUSTOS DO PRODUTO • PLANEJAMENTO DE CUSTOS DO PRODUTO • CÁLCULO DE CUSTOS DO MATERIAL • ATUALIZAÇÃO PREÇO.

Uma estimativa de custo padrão marcada é transferida para o registro do banco de dados de materiais como o preço padrão futuro (vista de custeio e contabilidade).

Uma estimativa de custo padrão aprovada é transferida para o registro do banco de dados de materiais como o preço padrão atual.

Quando uma estimativa de custo estiver aprovada para outro período, o preço planejado atual anteriormente mantido é movido para o campo do preço anteriormente planejado, permitindo assim uma vista do histórico de preços a partir do banco de dados de materiais.

Aprovação da estimativa de custo

Aprovar uma estimativa de custo incorreta pode resultar em lançamentos financeiros incorretos. Não é possível aprovar outra estimativa de custo para o mesmo período, a não ser que seja feita uma reorganização. Aprovar um novo preço no mesmo período é tecnicamente impossível se o ledger de materiais estiver implementado. É muito importante que uma estimativa de custo seja atentamente revista antes de aprovar o custo.

7.7.5 Correr o custeio

Correr o custeio permite-lhe custear múltiplos materiais ao mesmo tempo. Reproduz todo o processo de custear um produto com um BOM. Pode ser executado no modo de fundo para grandes quantidades de materiais.

Os resultados do custeio podem ser utilizados para marcar e aprovar várias estimativas de custo padrão de uma só vez. Os passos de marcar a aprovar são integrados na execução de custeio de massa CK40N (ao contrário do custeio individual CK11N em que a marcação e a aprovação são realizadas utilizando outra transação, CK24).

A Figura 7.18 mostra PROCESSAR EXECUÇÃO CÁLCULO DE CUSTOS (transação CK40N).

O caminho do menu é o seguinte: CONTROLLING • CONTROLLING DE CUSTOS DO PRODUTO • PLANEJAMENTO DE CUSTOS DO PRODUTO • CÁLCULO DE CUSTOS DO MATERIAL • EXECUÇÃO DE CÁLCULO DE CUSTOS • PROCESSAR EXECUÇÃO CÁLCULO DE CUSTOS.

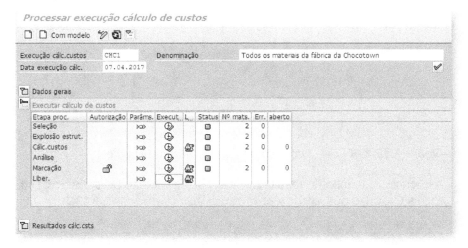

Figura 7.18: CK40N — Correr o custeio

7.8 Elementos do custo

O custo de um produto é normalmente composto por material, trabalho, custo indireto e custos de subcontratos. Os *elementos do custo* permitem a repartição dos custos com categorias/compartimentos predeterminados. A origem para cada elemento de custo tem que ser definida, que é normalmente um grupo de alcance do elemento de custo associado a esse componente.

A Figura 7.19 mostra a organização da configuração do ESQUEMA DE ELEMENTOS transação OKTZ).

O caminho do menu é o seguinte: FERRAMENTAS • CUSTOMIZING • IMG • SPRO PROCESSAMENTO DE PROJETO • CONTROLLING • CONTROLLING DE

CUSTOS DO PRODUTO • PLANEJAMENTO DE CUSTOS DO PRODUTO • CONFIGU-
RAÇÕES GLOBAIS P/CÁLCULO DE CUSTOS DO MATERIAL • DEFINIR ESQUEMA DE
ELEMENTOS.

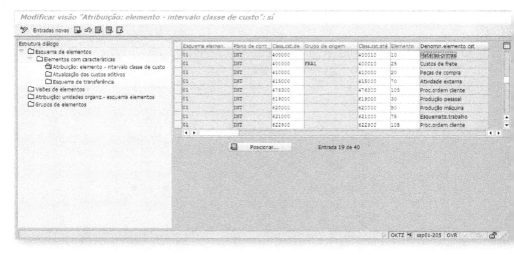

Figura 7.19: OKTZ — Organização do elemento de custo

A Figura 7.20 mostra resultados da vista ESQUEMA DE ELEMENTOS de
EXIBIR CÁLCULO CUSTOS COM ESTRUT.QUANTIT. (transação CK13N).

Elements.custo do material FG-1001 no centro CHC1

El.	Denomin.elemento	Σ	Total Σ	Fixo Σ	Variável	Moeda
10	Matérias-primas		3.000,00		3.000,00	USD
20	Peças de compra					USD
25	Custos de frete					USD
30	Produção pessoal					USD
40	Produção preparação					USD
50	Produção máquina		1.250,00	1.100,00	150,00	USD
60	Produção burn-in					USD
70	Atividade externa					USD
75	Esquematiz.trabalho					USD
80	Custos indir.mater.					USD
90	Custos ferram.int.					USD
95	Custos ferram.ext.					USD
120	Outros custos		340,00	40,00	300,00	USD
200	Processos produção					USD
210	Processos suprimento					USD
			4.590,00	1.140,00	3.450,00	USD

*Figura 7.20: CK13N — Vista do elemento de custo da estimativa de
custo*

7.9 Relatar no planejamento do custo de produto

Alex anotou as transações importantes relacionadas com o custeio do produto em uma tabela (consulte a Figura 7.21) para sua referência.

Objetos dos dados principais e os seus códigos de transação

Objeto dos dados principais	Criar	Mudar	Apresentar	Outros
Materiais de base	MM01	MM02	MM03	MM60 - Lista de materiais
Lista de materiais	CS01	CS02	CS03	CS11 - Explodir nomenclatura CS15 - Lista das áreas de aplicação CS20 - Modificação em massa
Centro de trabalho	CR01	CR02	CR03	CR05 - Lista de centros de trabalho CR06 - Atribuição do centro trabalho
Encaminhamento	CA01	CA02	CA03	CA85 - Substituir centro de trabalho
Recurso	CRC1	CRC2	CRC3	CA81 - Lista das áreas de aplicação
Receita de trabalho	C201	C202	C203	C251 - Lista de receitas
Versão de produção	C223			

Estimativa de custo	Transação
Criar estimativa de custo	CK11N
Apresentar estimativa de custo	CK13N
Cálculo do custo de mercado/lançamento	CK24
Processar execução do cálculo dos custos	CK40N

Relatórios do cálculo do custo	Transação
Lista das estimativas do custo do material	S_P99_41000111
Analisar execução do cálculo do custo	S_ALR_87099930
Analisar/Comparar execuções do cálculo do custo	S_ALR_87099931
Desvios entre as execuções do cálculo do custo	S_ALR_87099932

Selecionar configuração	Transação
Variante do cálculo do custo	OKKN
Variante de valorização	OKK4
Esquema do cálculo do custo	KZS2
Componentes do custo	OKTZ

Outras opções de cálculo do custo	Transação
Custos aditivos	CK74
Alternativas mistas de compras-cálculo do custo	CK91N
Relações de mistura	CK94

Figura 7.21: Códigos de transação do custeio do produto

8 Planejamento e controle da produção: Onde tudo na fábrica é claramente visível

"Produção é mais do que apenas juntar peças. É juntar ideias, testar princípios e aperfeiçoar a engenharia, assim como a montagem final."
— James Dyson

Devido à natureza firmemente integrada do sistema do planejamento de Recursos Empresariais SAP (ERP), é importante que o controlador esteja ciente de tudo que acontece na área de planejamento da produção. Pelo fato de que muita coisa que o planejamento da produção faz (ou que não faz em certos momentos) afeta o controle, uma boa percepção nas transações do chão de fábrica é essencial para a compreensão do impacto sobre o desempenho financeiro da fábrica.

Antes de o planejamento da produção poder começar a criar transações, existem pré-requisitos no lado do controle que têm que ser definidos.

▶ Os custos padrão precisam estar disponíveis para o material e os seus componentes.

▶ Os preços da atividade precisam estar disponíveis para as atividades utilizadas no encaminhamento/fórmula.

O planejamento regular da produção e as atividades de execução do chão de fábrica podem começar assim que forem cumpridos estes pré-requisitos.

8.1 Criar uma ordem de processo

Os controladores de MRP normalmente usam uma execução do MRP para criar ordens. As ordens podem ser criadas diretamente a partir da transação COR1. São realizados vários passos, tais como programação, verificação da disponibilidade do material, aprovação da ordem e custeio preliminar.

O caminho do menu é o seguinte: LOGÍSTICA • PRODUÇÃO – PROCESSO • ORDEM DE PROCESSO • ORDEM DE PROCESSO • CRIAR • COM MATERIAL.

As ordens de produção usam a transação CO01. Existem diferenças entre ordens de produção e ordens de processo, mas o fluxo de dados e o impacto da contabilidade secundária e do controle são idênticos.

O caminho do menu é o seguinte: LOGÍSTICA • PRODUÇÃO • CONTROLE DE PRODUÇÃO • ORDEM • CRIAR • COM MATERIAL.

Uma ordem de processo é criada para um material e combinação de fábrica para certo tipo de ordem. O tipo de ordem determina que tipo de produção pode ser executado (por exemplo, PI01 para um material acabado, PI11 para um material semiacabado, PI99 para ensaios R&D e PI98 para ordens de novos trabalhos, etc.) e que norma de apropriação será adotada para a ordem.

Consulte a Figura 8.1 para um exemplo de CRIAR ORDEM DE PROCESSO – TELA INICIAL.

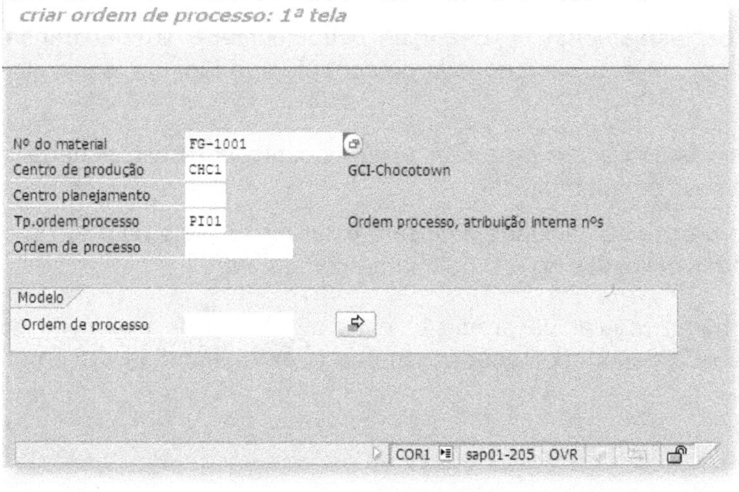

Figura 8.1: COR1 — Tela inicial para criar ordem de processo

Os componentes são escolhidos na lista de materiais e as operações são escolhidas no formulário principal. Dependendo da constituição, o pessoal do chão de fábrica pode fazer modificações nas ordens de processo. No entanto, na medida do possível, a melhor opção é manter os dados-mestre precisos e atualizados para evitar problemas durante a execução no chão de fábrica. Depois de serem introduzidos o material, a fábrica e o tipo de ordem, a próxima tela mostra a tela do cabeçalho da ordem do processo (consulte a Figura 8.2).

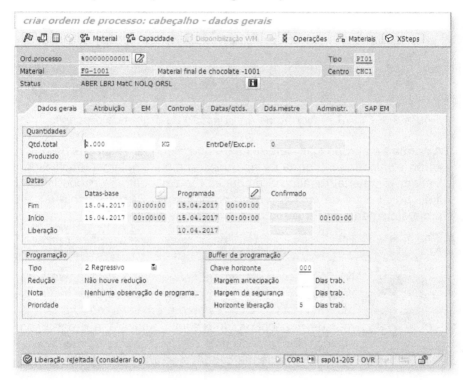

Figura 8.2: COR1 — Criar ordem de processo

É criada uma norma de apropriação para a ordem de processo, dependendo do tipo de ordem utilizado. A Figura 8.3 mostra a apropriação da ordem para o material. Isto quer dizer que quaisquer variações que ocorram nesta ordem de processo serão implantadas (transferidas) para o material.

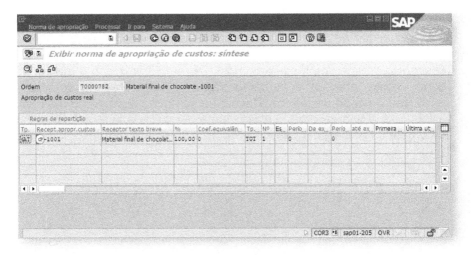

Figura 8.3: COR3 — Norma de apropriação da ordem de processo

A norma de apropriação determina de que modo as variações da ordem serão eliminadas. A norma de apropriação mais amplamente utilizada é liquidar o material (usado na produção regular), outras opções incluem liquidar o centro de custos (usado para ensaios R&D), a conta GL e o projeto/elemento EAP (usado para projetos de capital).

> **Sem lançamentos financeiros na fase de criação da ordem**
>
> Não são feitos lançamentos financeiros no momento da criação da ordem. São criadas reservas de material, mas até estes materiais serem emitidos, não há lançamentos financeiros. A ordem começará a receber os custos reais quando uma ou mais saídas de mercadorias, confirmação e entrada de mercadorias ocorrerem na mesma.

8.2 Saída de mercadoria

O pessoal do chão de fábrica pode começar a registrar transações em uma ordem de processo assim que o controlador de MRP aprovar a ordem. Uma ordem recebe o primeiro conjunto de custos reais quando há uma saída de mercadoria (componentes).

A *saída de mercadoria* é um lançamento no sistema que registra a emissão de estoque para dentro de um objeto CO (ordem de processo, ordem interna ou centro de custos). A saída de mercadoria é normalmente realizada usando a transação MB1A ou através de transações como MIGO, MIGO_GI (consulte a Figura 8.4).

O caminho do menu é o seguinte: LOGÍSTICA • PRODUÇÃO – PROCESSO • ORDEM DE PROCESSO • AMBIENTE • MOVIMENTO MATERIAL • RETIRAR MATERIAL.

O *tipo de movimento 261* é utilizado para a saída de mercadoria nas ordens de produção/processo. Uma inversão (ou cancelamento) da saída de mercadoria para a ordem usa o tipo de movimento 262.

Os tipos de movimento são fundamentais para o módulo de gestão de materiais e, juntamente com a classe de avaliação, gera os lançamentos financeiros que ocorrem para certa transação.

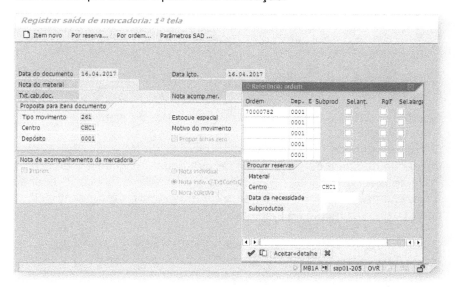

Figura 8.4: MB1A — Tela inicial da saída de mercadoria

Pode-se introduzir a quantidade real de matéria-prima gasta na ordem, se disponível (consulte a Figura 8.5). A *emissão direta* ocorre quando a quantidade real é introduzida. A *confirmação* ocorre quando a quantidade definida proposta pela lista de materiais é consumida na ordem. Isto implicaria que não haverá variação na ordem, tendo em conta que a quantidade real é a mesma da quantidade padrão. Confirmar ou não é, portanto, uma decisão de concepção muito crítica que tem que ser cuidadosamente avaliada no momento da fase de implementação do projeto. A maioria das organizações tenta obter um equilíbrio entre a precisão da coleta de dados (conseguida por emissão direta) e a eficiência da coleta de dados (conseguida por confirmação).

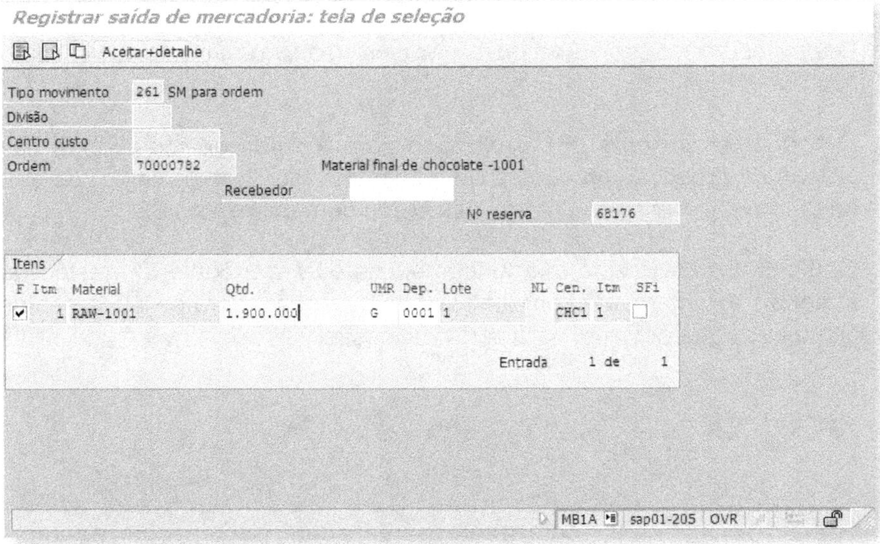

Figura 8.5: MB1A — Tela da quantidade de saída de mercadoria

O sistema fornece um número de documento de material assim que a transação de saída de mercadoria for guardada (consulte a Figura 8.6). Pode-se rever o material, a quantidade consumida, a fábrica, o local de armazenamento, o número do lote, a ordem, o tipo de movimento, etc. a partir deste documento de material.

O caminho do menu é o seguinte: LOGÍSTICA • ADMINISTRAÇÃO DE MATERIAIS • ADMINISTRAÇÃO DE ESTOQUES • DOCUMENTO DE MATERIAL • EXIBIR.

Este documento de material terá geralmente documentos contabilísticos criados em segundo plano, com base na organização do sistema para o tipo de movimento, classe de avaliação e tipo de transação (consulte a Figura 8.7). A classe de avaliação, juntamente com o tipo de movimento, influencia muito estes lançamentos financeiros.

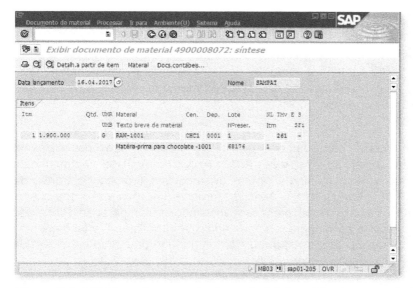

Figura 8.6: MB1A — Documento de material da saída de mercadoria

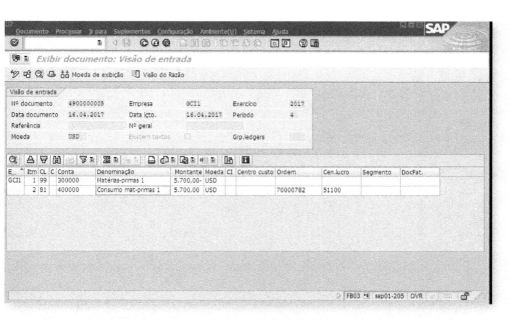

Figura 8.7: MB1A — Documento contabilístico de saída de mercadoria

Impacto contabilístico na saída de mercadoria

 O sistema credita a conta GL do MATÉRIAS-PRIMAS e debita a conta GL do CONSUMO DE MATÉRIAS-PRIMAS GL e ordem de processo, no momento da saída de mercadoria.

As transações realizadas nas ordens de processo são imediatamente refletidas na tela da ORDEM DE PROCESSO CUSTOS ANÁLISE. O caminho do menu de apresentação da ordem de processo (código de transação COR3 • IR PARA • CUSTOS • ANÁLISE) fornece uma boa visão dos custos lançados na ordem de processo, incluindo a comparação Planejado versus Real e a comparação Pretendido versus Real. Os lançamentos da saída de mercadoria são registrados no lado do débito da ordem de processo (consulte a Figura 8.8).

O caminho do menu é o seguinte: LOGÍSTICA • PRODUÇÃO – PROCESSO • ORDEM DE PROCESSO • ORDEM DE PROCESSO • EXIBIR.

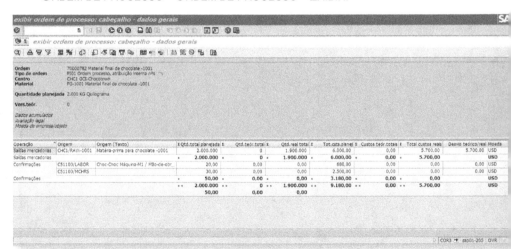

Figura 8.8: COR3 — Custos da ordem de processo após saída de mercadoria

8.3 Confirmação

Uma *confirmação* é um documento que registra o trabalho que foi feito para uma operação. As *operações* são passos de produção que podem ter materiais ou atividades atribuídas a elas.

138

Assim que a mercadoria é emitida para a ordem, é hora de registrar o número de horas para produzir o produto nessa ordem.

Uma confirmação é normalmente realizada usando a transação COR6N (consulte a Figura 8.9) ou usando as transações CORK ou KB21N.

O caminho do menu é o seguinte: LOGÍSTICA • PRODUÇÃO – PROCESSO • ORDEM DE PROCESSO • CONFIRMAÇÃO • ENTRAR PARA FASE • FOLHA DE TEMPOS.

A transação de confirmação traz quantidades para atividades da ordem de processo. As predefinições da tela COR6N são 1.800 minutos (30 horas) para a máquina e 1.200 minutos (20 horas) para o trabalho. No entanto, isto foi manualmente adaptado para o tempo real gasto de 1.900 minutos (31,667 horas) para a máquina e 1.300 minutos (21,667 horas) para o trabalho.

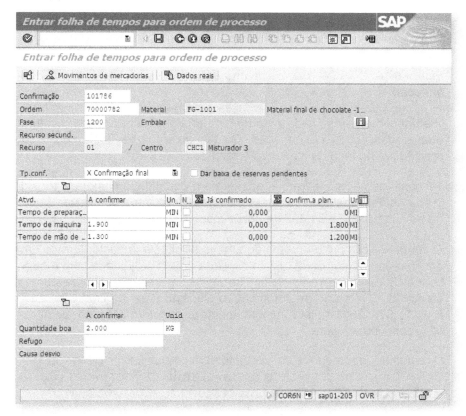

Figura 8.9: COR6N — Confirmação da ordem de processo

A confirmação registra a quantidade de atividade na ordem (consulte a Figura 8.10). Pode-se introduzir a atividade real gasta na ordem, se disponível. Tal como com a saída de mercadoria, o passo de confirmação requer a emissão direta ou uma decisão de confirmação.

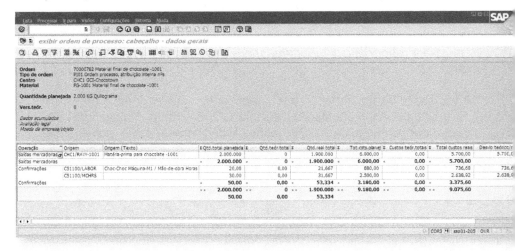

Figura 8.10: COR3 — Custos da ordem de processo após saída de confirmação

É atualmente apresentado na ordem de processo o impacto do custo de uma transação de confirmação. Os lançamentos de confirmação são registrados no lado do débito da ordem de processo.

Tal como se vê na Figura 8.9, apesar de a quantidade planejada ter sido 20 horas de trabalho e 30 horas-máquina, acabamos por gastar 21,667 horas no trabalho e 31,667 de horas-máquina.

O centro de custo e a ordem são ambos sujeitos a impacto durante uma confirmação de atividade ordenada. Uma ordem é debitada com a quantidade de atividade (e valor) confirmada, enquanto o centro de custo é creditado. O relatório de comparação planejado/real do centro de custo S_ALR_87013611 reflete imediatamente esta informação em confirmação (consulte a Figura 8.11).

O caminho do menu é o seguinte: CONTABILIDADE • CONTROLLING • CONTABILIDADE DE CENTROS DE CUSTO • SISTEMA DE INFORMAÇÃO • COMPARAÇÕES PLANEJ./REAL • CENTROS DE CUSTO: REAL/PLANEJADO/DESVIO.

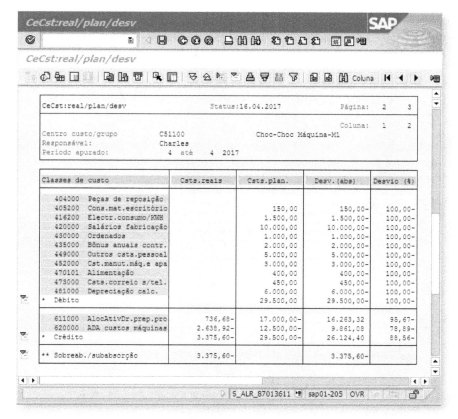

Figura 8.11: S_ALR_87013611 — Relatório do centro de custo após confirmação

Impacto da contabilidade sobre a confirmação

 O sistema credita o elemento de custo secundário do tipo de atividade e centro de custo e debita o elemento de custo secundário do tipo de atividade e ordem de processo no momento da confirmação da atividade.

8.4   Entrada de mercadoria

A *entrada de mercadoria (GR)* é um lançamento no sistema que mostra a produção de mercadoria.

Uma entrada de mercadoria é normalmente realizada usando a transação MB31 (consulte a Figura 8.12) ou usando as transações MIGO ou MIGO_GR.

O caminho do menu é o seguinte: LOGÍSTICA • PRODUÇÃO – PROCESSO • ORDEM DE PROCESSO • AMBIENTE • MOVIMENTO MATERIAL • ENTREGAR MATERIAL.

O tipo de movimento 101 é utilizado para a entrada de mercadoria nas ordens de produção/processo. Uma inversão (ou cancelamento) da entrada de mercadoria para a ordem usa o tipo de movimento 102.

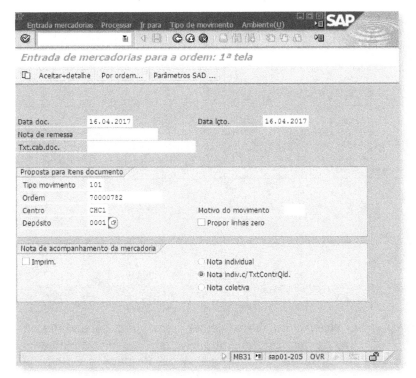

Figura 8.12: MB31 — Tela inicial da entrada de mercadoria

No exemplo da Figura 8.13, a produção real é 2.100 KG, apesar de o planejado ter sido fazer 2.000 KG na ordem de processo. A quantidade adicional de 100 KG é frequentemente designada por *remessa excessiva*. Enquanto os custos planejados para a ordem serão calculados com base na quantidade planejada de 2.000 KG, os custos pretendidos para a ordem serão calculados com base na quantidade real de 2.100 KG.

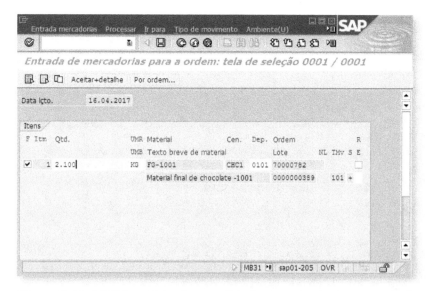

Figura 8.13: MB31 — Tela da quantidade da entrada de mercadoria

Tal como no caso da saída de mercadoria, a transação da entrada de mercadoria também cria um documento de material (ver Figura 8.14). Pode-se rever o material, a quantidade produzida, a fábrica, o local de armazenamento, o número do lote, a ordem, o tipo de movimento, etc. a partir do documento de material.

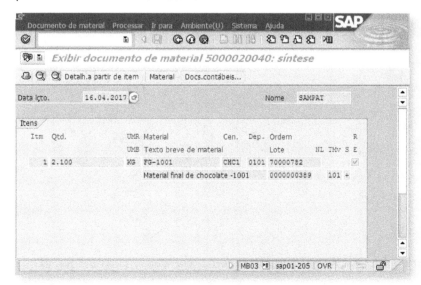

Figura 8.14: MB31 — Documento de material da entrada de mercadoria

143

De igual modo, este documento de material terá documentos contabilísticos criados em segundo plano, com base na organização do sistema para o tipo de movimento, classe de avaliação e tipo de transação (consulte a Figura 8.15).

E...	Itm	CL	C	Conta	Denominação	Montante	Moeda	CI	Centro custo	Ordem	Cen.lucro	Segmento	DocFat.
GCI1	1	89		792000	Produtos acabados	9.403,80	USD						
	2	91		895000	Ativ.centro ord.prod	9.403,80-	USD			70000782	51100		

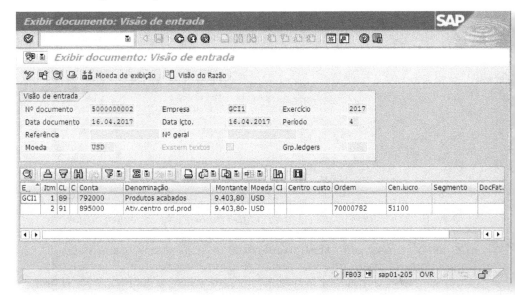

Figura 8.15: MB31 — Documento contabilístico da entrada de mercadoria

Operação	Origem	Origem (Texto)	Σ Qtd.total planejada	Σ Qtd.teór.total	Σ Qtd.real total	Σ Tot.csts.planej	Σ Custos teór.totais	Σ Total custos reais	Desvio teórico/real	Moeda
Saídas mercadorias	CHC1/RAW-1001	Matéria-prima para chocolate -1001	2.000.000	2.100.000	1.900.000	6.000,00	6.300,00	5.700,00	600,00-	USD
Saídas mercadorias			• 2.000.000	• 2.100.000	• 1.900.000	• 6.000,00	• 6.300,00	• 5.700,00		USD
Confirmações	C51100/LABOR	Choc-Choc Máquina-M1 / Mão-de-obr...	20,00	21,00	21,667	680,00	772,80	736,68	36,12-	USD
	C51100/MCHRS		30,00	31,50	31,667	2.500,00	2.331,00	2.638,92	307,92	USD
Confirmações			• 50,00	• 52,50	• 53,334	• 3.180,00	• 3.103,80	• 3.375,60		USD
Entrada de mercad...	CHC1/FG-1001	Material final de chocolate -1001	0	0	2.100-	0,00	0,00	9.403,80-	9.403,80-	USD
Entrada de mercad...			• 0	• 0	• 2.100-	• 0,00	• 0,00	• 9.403,80-		USD
			•• 2.000.000	•• 2.100.000	•• 1.900.000	•• 9.180,00	•• 9.403,80	•• 328,20-		USD
			50,00	52,50	53,334					
			0	0	2.100-					

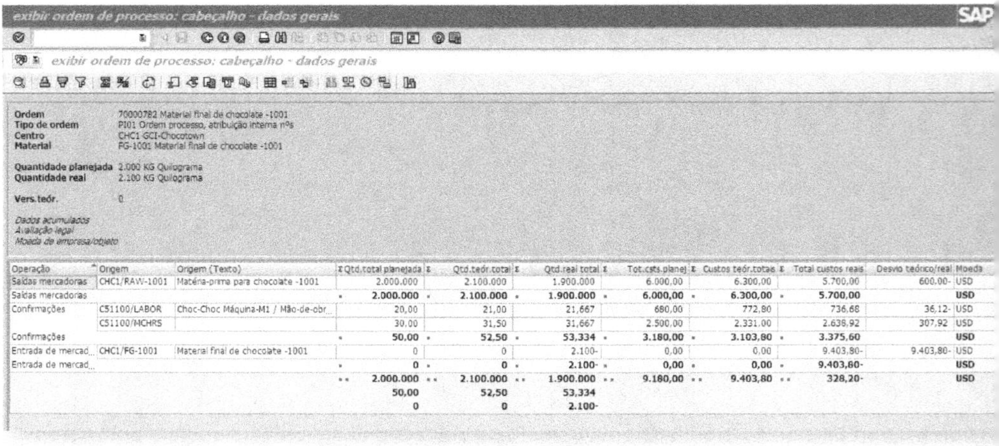

Figura 8.16: COR3 — Custos da ordem de processo após entrada de mercadoria

A transação da entrada de mercadoria registra a produção em uma ordem de processo através do lançamento da quantidade e do valor no lado do crédito na ordem de processo (consulte a Figura 8.16). Adicionalmente, a quantidade pretendida e o custo são atualizados e ajustados para a real quantidade de produção.

Impacto contabilístico na entrada de mercadoria

 O sistema credita a conta GL da produção da saída de fábrica (também conhecida por valor da produção) e a ordem de processo, e debita a conta GL do estoque no momento da entrada de mercadoria da ordem de processo.

Alex recapitulou a lista de transações para o planejamento e controle da produção (consulte a Tabela 8.1).

Código de transação	Descrição
COR1	Criar ordem de processo
COR2	Mudar ordem de processo
COR3	Apresentar ordem de processo
COR3 • Ir para • Custos • Análise	Apresentar custos da ordem de processo
CO01	Criar ordem de produção
MB1A	Introduzir saída de mercadoria
MB03	Apresentação do documento de material
FB03	Apresentação do documento contabilístico
COR6N	Introduzir confirmação
MB31	Introduzir entrada de mercadoria
MIGO	Introduzir movimento de mercadoria
MIGO_GI	Introduzir saída de mercadoria
MIGO_GR	Introduzir entrada de mercadoria

Tabela 8.1: Códigos de transações para o planejamento e o controle da produção

145

9 Encerramento de fim de mês: Relatório do estado da sua organização

"O fim do mês está a chegar; fique calmo
e continue a contabilidade."
— *Anônimo*

"O fim do mês está chegando", disse Bruno a Alex. "É bom você conhecer os passos que realizamos nas finanças durante esse período. Já fazemos isso todos os meses há vários anos. Os passos incluem a ordem de processo WIP, variação, apropriação e análise".

Alex podia associar: na FLW, os materiais, a produção e as finanças realizavam tarefas coordenadas durante os últimos dias do mês cujo encerramento se aproximava, e as atividades continuavam nos primeiros dias do novo mês.

9.1 Contagem do ciclo e distribuição de variações de utilização

A contagem do estoque físico (também conhecida por contagem do ciclo) é realizada pelo pessoal dos materiais e do chão de fábrica. Dependendo se houve um aumento ou diminuição do valor líquido no estoque físico comparado ao estoque em sistema, é lançado um ganho ou uma perda na declaração de rendimentos.

Enquanto a contagem do ciclo é mais uma atividade do chão de fábrica e/ou do armazém, existem implicações do controle financeiro e interno que resultam destas transações. Logo, as finanças devem estar a par do processo. Adicionalmente, algumas organizações querem alargar as diferenças da contagem do ciclo às ordens da produção/processo que ocorreram no passado. Este processo é suportado pela funcionalidade *distribuição das variações de utilizações* (DUV) existente no software SAP.

As ordens de processo são liquidadas no fim do mês. Dependendo do seu estado, algumas ordens podem estar incompletas e precisam ser transportadas para o mês seguinte. As ordens concluídas qualificam-se para o cálculo da variação, enquanto as ordens incompletas são tratadas como trabalho em processo.

9.2   Estado da ordem do processo

O sistema atribui vários estados a uma ordem no curso do ciclo de vida da ordem. Por exemplo, o estado da ordem ABER (Aberto) é definido no momento da criação da ordem, o LIB (Liberado) no momento da aprovação, o FRNP (Fornecido parcialmente) no momento da entrega parcial, o FORN (Fornecido) no momento da entrega final e o ENTE (Concluído tecnicamente) no momento da conclusão técnica. O estado da ordem determina que tipo de transações de negócio pode ser permitido e, por isso, desempenha um papel importante no ciclo de vida da ordem.

O estado para uma ordem pode ser revisto por COR3 clicando no botão "Estado" 🔳. A Figura 9.1 mostra vários estados definidos para uma ordem exemplificativa.

Os estados que são importantes de uma perspectiva financeira incluem:

▶ LIB — Liberado. Este estado é definido quando uma ordem é aprovada. O estado permite que todos os valores reais e comissionados seja lançados para a ordem.

▶ CAPC — Cálc.previs.custos efetuado. Indica que existe uma estimativa dos custos planejados para uma ordem.

▶ FRNP — Fornecido parcialmente. Este estado é definido durante a entrada de mercadoria se apenas tiver sido entregue uma parte da quantidade planejada.

▶ FORN — Fornecido. Este estado é definido se uma quantidade planejada de um objeto tiver sido entregue, ou se o indicador de entrega completada tiver sido definido durante a entrada de mercadoria.

▶ ENTE — Concluído tecnicamente. Isto significa o fim de uma ordem de produção de um ponto de vista logístico. Esta função é normalmente utilizada se a execução de uma ordem tiver de ser parada prematuramente, ou se a ordem não puder ser executada do modo exigido e devem-se eliminar os requisitos em aberto para a ordem (reservas, capacidades, etc.)

▶ DSVA — Desvios apurados. Este estado é definido pelo sistema quando tiver calculado as variações para uma ordem.

▶ CANC — Delimitação efetuada. Este estado é definido pelo sistema quando tiver realizado um cálculo WIP para uma ordem.

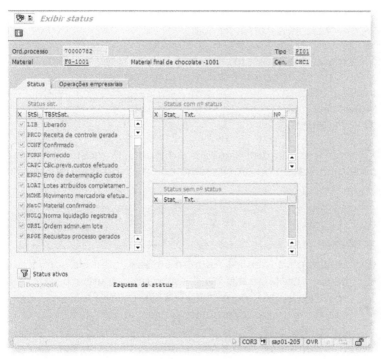

Figura 9.1: COR3 — Apresentação do estado da ordem

Ordens concluídas versus incompletas

Ordens concluídas: As ordens concluídas são aquelas para as quais o estado do sistema é FORN (fornecido) ou ENTE (concluído tecnicamente) ou ambos.

Ordens incompletas (ou WIP): As ordens WIP são aquelas que têm custos lançados com relação a elas e em que o estado do sistema não é FORN (fornecido) nem TECO ENTE (concluído tecnicamente).

9.3 Trabalho em curso

As ordens incompletas (também designadas por ordens WIP) são processadas usando as seguintes transações:

▶ KKAO — Processamento em massa WIP

▶ KKAQ — Apresentação em massa WIP

▶ KKAX — Processamento individual WIP

▶ KKAY — Apresentação individual WIP

O caminho do menu é o seguinte: CONTABILIDADE • CONTROLLING • CONTROLLING DE CUSTOS DO PRODUTO • CONTABILIDADE DE OBJETOS DE CUSTO • CONTROLLING DE PRODUTO POR ORDEM • ENCERRAMENTO PERÍODO • FUNÇÕES INDIVIDUAIS • MATERIAL EM PROCESSO • PROCESSAMENTO COLETIVO • KKAO – DETERMINAR.

A Figura 9.2 mostra a tela de seleção e a Figura 9.3 mostra a tela de resultado para a transação de processamento coletivo KKAO do cálculo WIP.

O processo WIP do SAP não quer dizer que estamos falando de materiais semiacabados!

Muitas organizações referem-se aos materiais semiacabados por "Materiais WIP" e podem confundir o processo WIP do SAP com materiais semiacabados, mas isto são duas coisas diferentes. O cálculo WIP (trabalho em curso) do SAP é um processo para transportar o saldo de uma ordem incompleta. Enquanto "materiais WIP" é, por vezes, um termo alternativo para materiais semiacabados.

O cálculo WIP não lança entradas financeiras!

A transação do cálculo WIP não lança quaisquer entradas, meramente calcula o montante executado através de um WIP. Uma entrada WIP é lançada quando é executada a transação de apropriação.

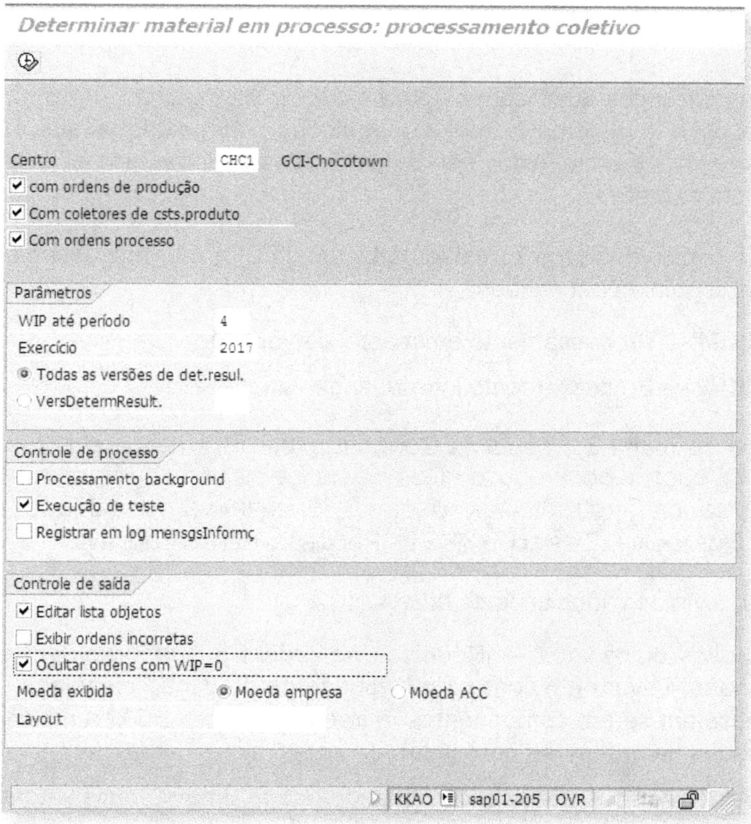

Figura 9.2: KKAO — Tela de seleção do processamento coletivo WIP

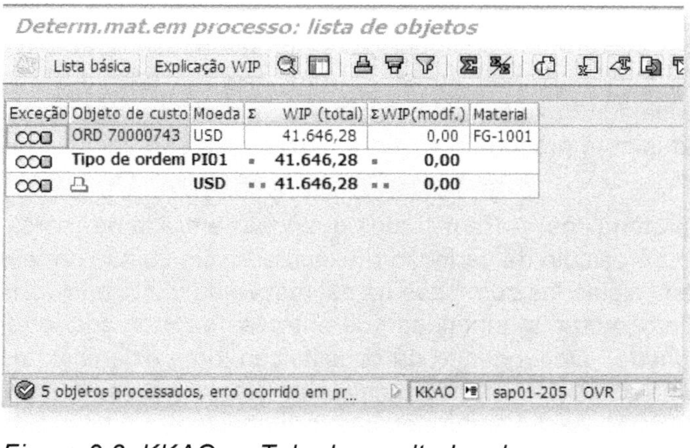

Figura 9.3: KKAO — Tela de resultados do processamento coletivo WIP

9.4 Cálculo da variação

As ordens concluídas qualificam-se para o cálculo da variação. Tal como o nome sugere, o sistema calcula as variações pretendidas versus as variações reais. As pretendidas são determinadas com base na estimativa do custo padrão.

As ordens concluídas (com o estado DLV ou TECO) são processadas usando as seguintes transações:

▶ KKS1 — Processamento em massa da variação

▶ KKS2 — Processamento individual da variação

O caminho do menu é o seguinte CONTABILIDADE • CONTROLLING • CONTROLLING DE CUSTOS DO PRODUTO • CONTABILIDADE DE OBJETOS DE CUSTO • CONTROLLING DE PRODUTO POR ORDEM • ENCERRAMENTO PERÍODO • FUNÇÕES INDIVIDUAIS • DESVIOS • KKS1 – PROCESSAMENTO COLETIVO.

Até agora já vimos vários tipos de custos.

▶ Custos planejados — Reunidos na ordem quando a ordem é criada. Levam em conta a quantidade de produção planejada e baseiam-se em componentes retirados do uso 1 BOM e modificados na ordem (se permitido).

▶ Custos reais — Registrados quando ocorre uma ou mais saídas de mercadoria, confirmação de atividade ou entradas de mercadoria. Repare que o termo *custos reais* vem com uma ressalva. A quantidade de componentes pode basear-se no custo real; o preço do material baseia-se no custo padrão dos componentes e não é o custo atual. De igual modo, as quantidades de atividades podem basear-se no atual, mas o preço baseia-se no preço planejado das atividades. Somente quando as ordens são reavaliadas com preço real é que as atividades são valorizadas para real.

▶ Custos pretendidos — Registrados quando a entrada de mercadoria e/ou o cálculo da variação é executado. Os custos pretendidos são calculados com base na estimativa de custo aprovada em proporção com a quantidade de entradas de mercadoria reais (produção). Dependendo da constituição, uma estimativa de custo aprovada pode ter sido definida com base no uso 1 BOM ou uso 6 BOM. Assim sendo, o custo pretendido em uma ordem pode mostrar um número diferente do que o que é apresentado nos custos planejados.

A Figura 9.4 mostra a tela de seleção e a Figura 9.5 mostra a tela de resultado para a transação de processamento coletivo KKS1 do cálculo da variação.

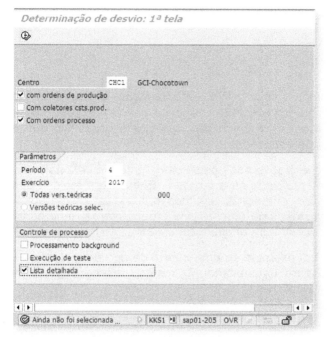

Figura 9.4: KKS1 — Tela de seleção do cálculo da variação

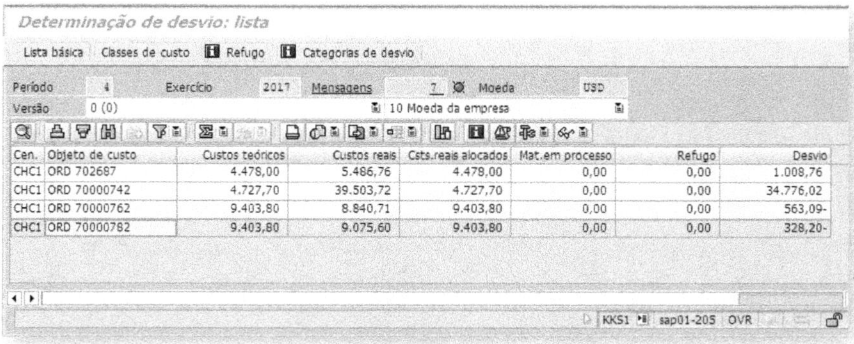

Cen.	Objeto de custo	Custos teóricos	Custos reais	Csts.reais alocados	Mat.em processo	Refugo	Desvio
CHC1	ORD 702687	4.478,00	5.486,76	4.478,00	0,00	0,00	1.008,76
CHC1	ORD 70000742	4.727,70	39.503,72	4.727,70	0,00	0,00	34.776,02
CHC1	ORD 70000762	9.403,80	8.840,71	9.403,80	0,00	0,00	563,09-
CHC1	ORD 70000782	9.403,80	9.075,60	9.403,80	0,00	0,00	328,20-

Figura 9.5: KKS1 — Tela de resultados do cálculo da variação

O cálculo da variação não lança entradas financeiras!

 A transação do cálculo da variação não lança quaisquer entradas, apenas calcula o montante de variação por liquidar. Uma entrada da variação é lançada quando é executada a transação de apropriação.

9.5 Apropriação

Agora que completamos o cálculo WIP e de variação, está na hora de lançar estes valores na contabilidade financeira usando o processo de apropriação. Uma ordem é liquidada para um objeto específico que é mantido na norma de apropriação.

A *norma de apropriação* é governada pelo tipo de ordem e pela natureza da atividade/produção realizada para a ordem. Enquanto a maioria das ordens apropriaria para o material, algumas ordens podem apropriar para um centro de custos, uma ordem, uma ordem interna, uma conta GL ou um elemento da estrutura analítica do projeto (EAP).

A Figura 9.6 mostra um exemplo de uma norma de apropriação onde a ordem é apropriada para um material. O menu suspenso apresenta outros tipos de objetos possíveis.

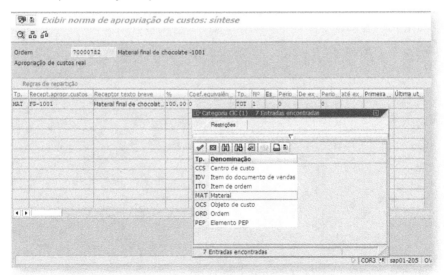

Figura 9.6: COR3 — Apresentação da norma de apropriação

A apropriação é realizada usando as seguintes transações:

▶ CO88 — Processamento em massa de apropriação.

▶ KO88 — Processamento individual de apropriação.

O caminho do menu é o seguinte CONTABILIDADE • CONTROLLING • CONTROLLING DE CUSTOS DO PRODUTO • CONTABILIDADE DE OBJETOS DE CUSTO • CONTROLLING DE PRODUTO POR ORDEM • ENCERRAMENTO PERÍODO • FUNÇÕES INDIVIDUAIS • APROPRIAÇÃO CUSTOS • CO88 – PROCESSAMENTO COLETIVO.

A Figura 9.7 mostra a tela de seleção.

Figura 9.7: CO88 — Tela de seleção da apropriação

A Figura 9.8 mostra a tela dos resultados para a apropriação que lança a transação de processamento coletivo CO88.

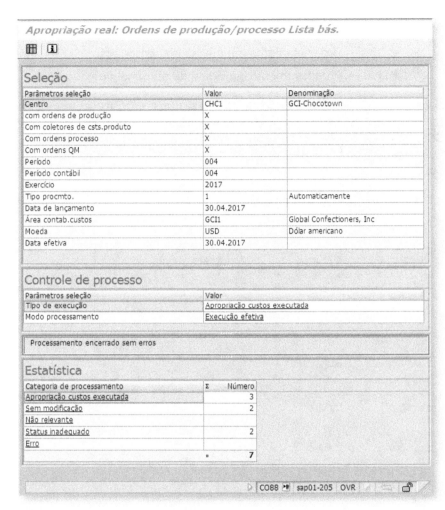

Figura 9.8: CO88 — Tela de resultados da apropriação

A Figura 9.9 e a Figura 9.10 mostram um documento FI lançado no momento da apropriação para uma ordem concluída.

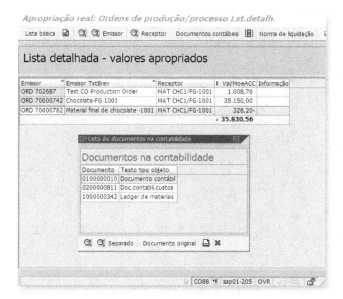

Figura 9.9: CO88 — Lista de detalhes da apropriação

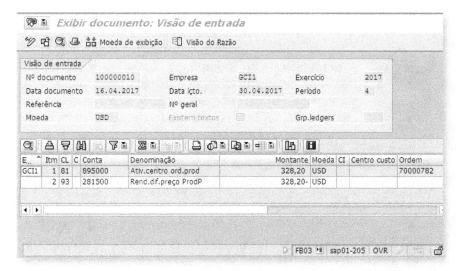

Figura 9.10: CO88 — Ordem concluída do documento FI da apropriação

A Figura 9.11 mostra a apresentação dos custos COR3 e um novo registro para a APROPRIAÇÃO DE CUSTOS na ordem. O saldo da ordem agora é zero.

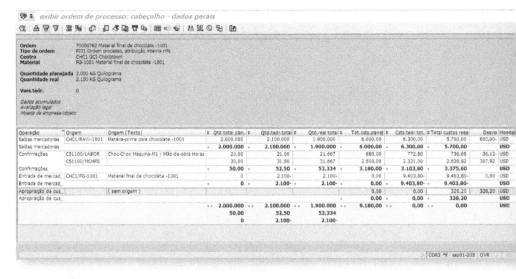

Figura 9.11: COR3 — Custos após apropriação

Entrada financeira em WIP

A entrada WIP em apropriação lança para as contas P&L e do balancete configuradas para transportarem os balancetes para o mês seguinte. A apresentação dos custos em COR3 não é afetada (ou seja, o montante de WIP não é refletido como uma linha separada na apresentação do custo COR3).

Não se deve criar uma conta GL de variação da produção e do P&L WIP como um elemento de custo!

As contas GL da variação da produção e do trabalho no processo P&L não devem ser criadas como elementos do custo devido a um requisito técnico para o WIP e as variações. Estes valores estão sendo transferidos de CO para FI e, se forem criados como um elemento de custo, FI vai tentar lançá-los de novo no CO, causando assim uma duplicação!

A Figura 9.12 apresenta um documento contabilístico lançado para uma ordem WIP.

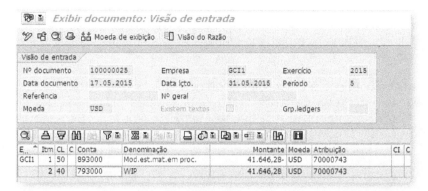

Figura 9.12: CO88 — O WIP do documento FI da apropriação

A entrada WIP é invertida quando uma ordem é concluída

 Os valores do WIP serão automaticamente invertidos durante a subsequente apropriação do período, assim que as ordens estiverem definidas para o estado EN-TE/FORN. (As ordens podem não ser sempre concluí-das no mês seguinte, mas sim, vários meses depois, dependendo do tipo de indústria e da natureza do produto e/ou processo de produção).

Uma ordem tem normalmente um lançamento de WIP ou de variação em certo mês. Uma ordem pode obter tanto um lançamento WIP como um lançamento de variação no mês no qual uma ordem incompleta é concluída.

9.6 Fazer relatório no controle do objeto de custo

Para além de uma apresentação da ordem individual (COR3), existem certas transações de apresentação da ordem em massa que podem ser muito úteis para realizar consultas sobre as ordens.

► COOIS — Sistema de informação da ordem de produção.

► COOISPI — Sistema de informação da ordem de processo.

► COID — Selecionar listas de detalhes do objeto em PP-PI.

159

Um dos relatórios que fornece um resumo financeiro de ordens é o relatório do saldo da ordem S_ALR_87013127. Estão disponíveis várias colunas; é possível usar a opção MODIFICAR LAYOUT para selecionar os campos à direita para fazer corresponder o requisito. A Figura 9.13 é um exemplo de alguns dos campos-chave que podem ser usados neste relatório.

O caminho do menu é o seguinte LOGÍSTICA • PRODUÇÃO • CONTROLE DE PRODUÇÃO • SISTEMA DE INFORMAÇÃO • RELATÓRIOS DE CONTROLLING • CONTROLLING DE PRODUTO POR ORDEM • LISTA DE OBJETOS • SELEÇÃO DE ORDENS.

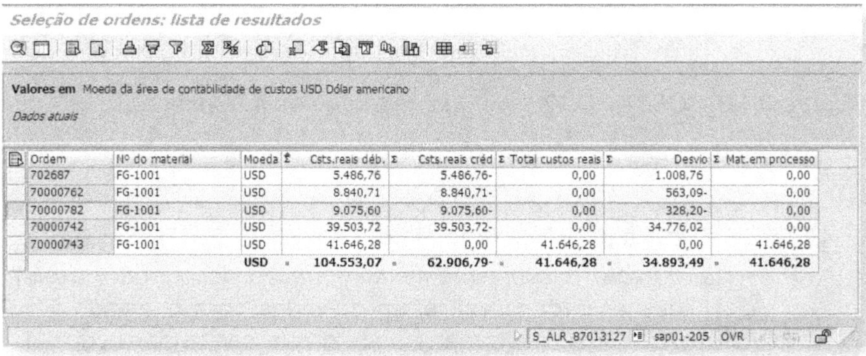
Seleção de ordens: lista de resultados

Valores em Moeda da área de contabilidade de custos USD Dólar americano

Dados atuais

Ordem	Nº do material	Moeda	Csts.reais déb.	Csts.reais créd	Total custos reais	Desvio	Mat.em processo
702687	FG-1001	USD	5.486,76	5.486,76-	0,00	1.008,76	0,00
70000762	FG-1001	USD	8.840,71	8.840,71-	0,00	563,09-	0,00
70000782	FG-1001	USD	9.075,60	9.075,60-	0,00	328,20-	0,00
70000742	FG-1001	USD	39.503,72	39.503,72-	0,00	34.776,02	0,00
70000743	FG-1001	USD	41.646,28	0,00	41.646,28	0,00	41.646,28
		USD	**104.553,07**	**62.906,79-**	**41.646,28**	**34.893,49**	**41.646,28**

S_ALR_87013127 sap01-205 OVR

Figura 9.13: S ALR 87013127 — Resumo Financeiro da Ordem

Resumo da Ordem é outra poderosa opção de relatório disponível para ordens. Os dados são coletados periodicamente e podem ser, depois, revistos durante transações destinadas ao relatório.

10 Custo real e Ledger de Materiais SAP: É aqui que reside o custo real...

"O custo de uma coisa é o montante ao que eu vou chamar vida, que é exigida para ser trocada por ele, imediatamente ou a longo prazo."
— Henry David Thoreau

É essencial saber quanto custa um produto para determinar a rentabilidade precisa do mesmo. Porém, a maioria das decisões baseia-se no custo padrão do produto, pois muitas vezes não é fácil obter uma imagem precisa do custo real. A funcionalidade de custeio real fornecida pelo componente do ledger de materiais do SAP Controlling vem sanar esta lacuna. Ela permite captar os custos reais ao seguir as variações ao nível do material (produto). Este capítulo dá uma visão geral do custeio real no Ledger de materiais SAP.

Bruno entrou, uma manhã, no escritório de Alex. "Alex, você pode me ajudar a procurar o custo real da manteiga de cacau no último mês? O departamento de compras me chamou essa manhã para dizer que o preço do cacau está volátil nos últimos meses e, provavelmente, vai subir novamente. Como você sabe, esta é uma das matérias-primas mais utilizadas nos nossos produtos e qualquer alteração de preço terá um grande impacto nos nossos custos de produto. Pediram informações sobre o pressuposto do nosso orçamento versus o que atualmente pagamos pelo cacau até agora este ano. É possível que tenhamos de restabelecer o padrão para o cacau. Por favor, identifique as quantidades do estoque de encerramento, para podermos estimar a reavaliação esperada".

Alex sabia que podia encontrar o orçamento pressuposto: estava integrado no custo padrão do material e ele podia procurar na vista MATERIAL MASTER COSTING 2. No entanto, ele não tinha a certeza de onde poderia encontrar o preço real. Alex voltou ao manual do usuário para ver se conseguia encontrar uma resposta. Encontrou esta informação na seção no *Ledger de Materiais*.

"O Ledger de Materiais fornece a funcionalidade para derivar os custos reais e permitir a reavaliação de estoque para os custos reais", Alex leu no manual do usuário. "Era mesmo esta a informação que eu procurava", disse Alex a si mesmo, e continuou lendo o capítulo com curiosidade.

10.1 Visão geral do Ledger de Materiais SAP

A avaliação de estoque do Ledger de Materiais SAP inclui os seguintes passos amplos:

▶ Coletar dados reais durante o mês.

▶ Determinar preço: Os preços de nível único e de múltiplos níveis são determinados com base no tipo de transações realizadas.

▶ Calcular preço unitário periódico no fim do mês.

O Ledger de Materiais SAP coleta dados do *movimento do material* durante o mês e mantém-se atualizado sobre quais materiais foram utilizados na produção de quais produtos durante as ordens de produção/processo.

A determinação do preço de nível único calcula variações para cada material individual; enquanto *a determinação do preço do material a múltiplos níveis* calcula variações que fluem para níveis mais altos do processo de produção usando uma estrutura da quantidade real a múltiplos níveis.

O *preço unitário periódico* registra o custo real médio para cada material, quer seja adquirido ou produzido. O preço unitário periódico é calculado como parte do processo do encerramento do fim do período para a determinação do material de múltiplos níveis.

Adicionalmente, o sistema calcula uma *divisão real do elemento de custo*.

Divisão real do elemento de custo

O Ledger de Materiais SAP calcula a repartição dos reais componentes do custo do trabalho, material, custos indiretos, subcontratação, etc.

Esta informação permite comparar Padrão vs. Real ou o período transversal atual a um nível baixo de granularidade.

O Ledger de Materiais SAP fornece detalhes da análise, mas nem sempre explica a razão das variações

 O envolvimento do custo real do Ledger de Materiais SAP não é necessariamente um substituto para a análise da ocorrência da localização e razão das diferenças de custos, mas fornece um nível detalhado de informação para acessar eficientemente lançamentos que podem ter estado na origem de uma grande variação anormal/inesperada.

Pode-se também usar o ledger de materiais para registrar estoques em múltiplas moedas ou avaliações. Esta funcionalidade pode ser implementada independentemente do custeio real.

Sem o ledger de materiais, o material pode apenas ser valorizado em uma moeda (moeda do código da empresa). No ledger de materiais, os valores do estoque podem ser suportados em duas moedas adicionais (total de 3 moedas). Por outras palavras, é possível a avaliação paralela através do uso do ledger de materiais.

Os montantes em moedas são traduzidos em moedas estrangeiras à taxa de câmbio que prevalece no momento do lançamento. Isto é conseguido através da atualização de todos os movimentos de mercadoria até três moedas/avaliações no ledger de materiais.

O ledger de materiais permite-lhe olhar para os custos em três diferentes moedas/estruturas:

▶ Vista legal das empresas legais independentes (vista do código da empresa).

▶ A vista de grupo da organização como um todo (vista da moeda de grupo).

▶ Avaliação de grupo/avaliação do centro de lucros utilizada para suportar vários requisitos de relatório, incluindo a eliminação de lucros interempresas.

10.2 Coletar dados reais durante o mês

O módulo da Gestão de Materiais SAP (combinado com o módulo FI) segue os movimentos da mercadoria e seus valores ao custo padrão, enquanto o Ledger SAP segue os valores do movimento da mercadoria aos custos padrão e reais. Por outras palavras, o Ledger SAP pode ser considerado um segundo conjunto de livros, em que cada material tem um registro de todos os movimentos da mercadoria para a avaliação real.

Toda a atividade relevante do estoque do SAP é lançada para o ledger de materiais.

► Os movimentos do estoque são refletidos no ledger de materiais quando ocorrem transações de movimentos de mercadoria (por exemplo, tipo de movimento 101 para entrada de mercadoria, 261 para saída de mercadoria, 551 para abandono, 701 para contagens de ciclos, 601 para vendas, 201 para consumo no centro de custos, etc.).

► As variações do preço são refletidas conforme ocorrem (por exemplo, a entrada de mercadoria registra o preço padrão versus o preço da ordem de compra; a entrada da fatura registra o preço da ordem de compra versus preço da fatura).

► As variações da produção são refletidas no momento da apropriação do processo/produção.

► As diferenças de reavaliação são refletidas no momento das mudanças padrão (por exemplo, no início do ano ou início do mês).

A Figura 10.1 apresenta a transação CKM3N (análise do preço do material). O material RAW-1001 tinha um ESTOQUE INICIAL de 9.050 gramas, dos quais 1.900 gramas foram consumidos durante o mês, tal como se pode ver na seção CONSUMO, deixando um ESTOQUE FINAL de 7.150 gramas. Adicionalmente, todas as transações ocorreram no PREÇO-PADRÃO de $3,00 por 1.000 gramas. No entanto, havia uma entrada apresentada na seção DÉBITO/CRÉDITO para um montante de $9.050,00 que estava aumentando o custo real até $4,00 por 1.000 gramas, tal como se pode ver na seção ESTOQUE ACUMULADO do relatório. Cada transação do movimento da mercadoria estava refletida nesta transação. Os usuários podem navegar para o documento real de origem, por exemplo, uma transação do movimento do estoque, alteração de preço ou apropriação.

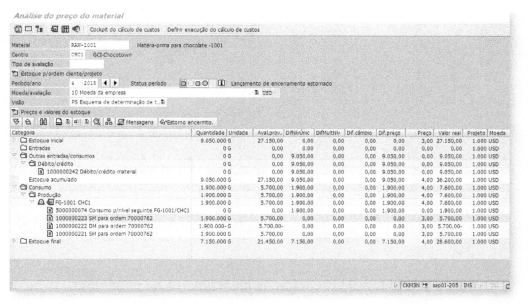

Figura 10.1: CKM3N — Análise do preço da matéria-prima antes do encerramento do ledger de materiais SAP

O caminho do menu é o seguinte: CONTABILIDADE • CONTROLLING • CONTROLLING DE CUSTOS DO PRODUTO • CÁLCULO DE CUSTO REAL/LEDGER DE MATERIAIS • LEDGER DE MATERIAIS • CKM3 – ANÁLISE DO PREÇO DO MATERIAL.

A Figura 10.2 mostra um material acabado que tinha um estoque em aberto de 1.050 quilogramas, 2.100 quilogramas foram produzidos durante o mês. Alex reparou em uma DIFERENÇAS NÍVEL ÚNICO em todas as filas, incluindo o estoque inicial. Ter diferenças de preço de nível único no estoque inicial implicava que as variações vinham do mês anterior.

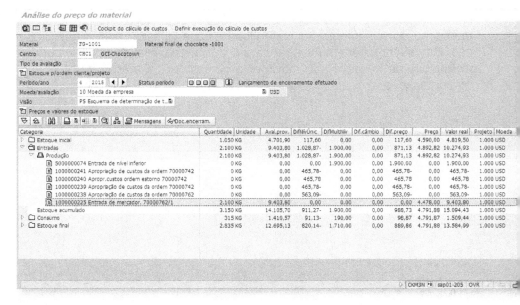

Figura 10.2: CKM3N — Análise do preço do material acabado antes do encerramento do ledger de materiais SAP

10.3 Determinação do preço de nível único e de múltiplos níveis

Nas operações de produção normal, em que a maior parte dos materiais é valorizada com um controle de preço "S" (preço padrão), *é utilizada a determinação do preço de nível único e de múltiplos níveis*. Nos materiais como a manutenção da fábrica, que são geralmente valorizados com o controle de preço "V" (preço médio móvel), não existe requisito para envolver as diferenças no material do nível seguinte, *sendo utilizada a determinação do preço com base na transação*.

Determinação do preço de nível único: os preços são calculados para cada material individual.

▶ Material comprado = preço padrão +/- variação do preço das compras

▶ Material produzido = preço padrão +/- variações da ordem de processo/produção

166

Determinação do preço de múltiplos níveis: os preços são calculados para toda a corrente de produção (tal como quando envolve todos os componentes ou ingredientes no material produzido).

▶ Variações de preço dos ingredientes comprados.

▶ Variações de produção dos ingredientes fabricados.

Determinação do preço com base na transação: é essencialmente o controle do preço médio móvel.

▶ Não é utilizada a rotina do ledger de materiais para transferência para materiais de mais alto nível.

O preço de nível único tem que ser calculado antes dos múltiplos níveis

 O custo real de um material tem que ser calculado individualmente (nível único) antes de poder ser envolvido no custo do material produzido que o consome (múltiplos níveis).

10.4 Preço unitário periódico

O *preço unitário periódico* não é mais do que o custo real médio de um material em certo período. É calculado com base na linha do ESTOQUE ACUMULADO na transação CKM3N.

Preço unitário periódico = (custo padrão do estoque cumulativo +/- variâncias do estoque cumulativo) / estoque cumulativo.

Tal como se pode ver na Figura 10.3, foi utilizado um custo padrão de $3,00 para saída de mercadoria durante o mês. Uma variação do preço de $9.050,00 para certa quantidade de 9.050 gramas (uma variação de $1,00 por 1.000 gramas) resultou em um preço unitário periódico do material de $4,00 por 1.000 gramas. Para um consumo de 1.900 gramas, o ledger de materiais transferiu a variação de $1.900 para o material do nível seguinte. Adicionalmente, será utilizado um preço unitário periódico de $4,00 por 1.000 gramas para o inventário final do valor de 7.150 gramas a $28.600,00.

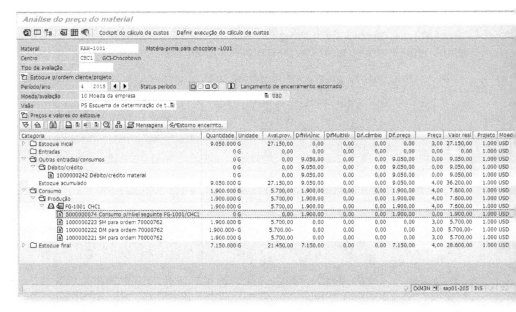

Figura 10.3: CKM3N — Análise do preço da matéria-prima depois do encerramento do ledger de materiais SAP

Na Figura 10.4, repare na análise do preço do material para material acabado FG-1001. Foram transferidos $1.900 do nível mais baixo (RAW-1001) como uma diferença de preço de múltiplos níveis. Além disso, as variações de ($1.028,87) relacionadas com a apropriação da ordem de processo foram registradas como uma diferença de preço de nível único. No nível de estoque cumulativo, todas as variações foram adicionadas e divididas pelo estoque cumulativo e o preço unitário periódico foi calculado como $4.791,88. Este preço real foi usado para valorizar o estoque de encerramento e transferir a revalorização do consumo para o centro de custos.

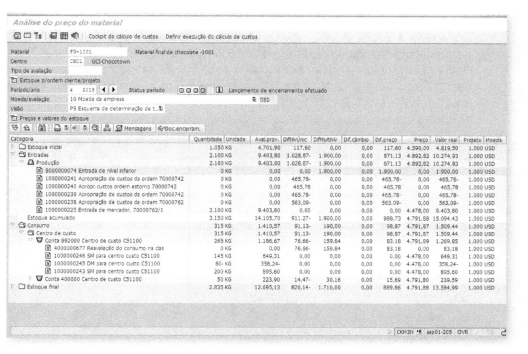

Figura 10.4: CKM3N — Análise do preço do material acabado depois do encerramento do ledger de materiais SAP

10.5   Cabine de encerramento do Ledger de Materiais SAP

A cabine de encerramento do Ledger de Materiais SAP é executada todos os meses para realizar o custeio real usando o código de transação CKMLCP. O caminho do menu é o seguinte: CONTABILIDADE • CONTROLLING • CONTROLLING DE CUSTOS DO PRODUTO • CÁLCULO DE CUSTO REAL/LEDGER DE MATERIAIS • CÁLCULO CUSTO REAL • CKMLCP – PROCESSAR EXECUÇÃO CÁLCULO DE CUSTOS.

O primeiro passo é criar um funcionamento de custeio e atribuir fábricas relevantes à aplicação de custeio. A Figura 10.5 mostra um exemplo para executar o custeio real para 4/2015 com a fábrica CHC1 atribuída. Podia haver várias fábricas anexadas a este funcionamento de custeio, dependendo do rastro do ledger de materiais e dos requisitos comerciais.

Transparência ao longo da cadeia de valores

 Para o Ledger de Materiais SAP transferir variações de múltiplos níveis (e, por isso, o custo real) entre fábricas, é essencial que as fábricas envolvidas no movimento de mercadoria interfábricas estejam fechadas no mesmo encerramento do ledger de materiais.

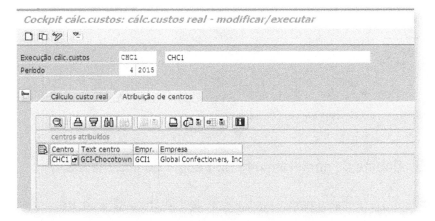

Figura 10.5: CKMLCP — Seleção de fábrica da cabine de encerramento ML

Depois de selecionar a(s) fábrica(s), a cabine de encerramento do ledger de materiais requer vários passos. Estes passos devem ser realizados na mesma sequência, conforme apresentado em Figura 10.6.

1. SELEÇÃO — são selecionados todos os materiais para as fábricas indicadas.

2. DETERMINAR SEQÜÊNCIA — a sequência de custeio é estabelecida começando com o material de nível mais baixo até ao material de nível mais alto e movimento de mercadoria.

3. DETERM.TARIFA NÍVEL ÚNICO — os preços são calculados para cada material individual.

4. DETERM.TARIFA MULTINÍVEL — os preços são calculados para toda a corrente de produção.

5. REAVALIAÇÃO DO CONSUMO — lançamento de ajuste dos custos reais no fim do mês em que todas as variações são transferidas para o objeto de recepção (que pode ser um material ou um centro de custos, uma ordem interna, uma conta GL, etc., dependendo de onde ocorreu o consumo original).

6. LANÇAMENTO DE ENCERRAMENTO — todos os cálculos realizados em passos anteriores são lançados durante este passo.

   ▶ As diferenças de preço de múltiplos níveis são transferidas para o nível seguinte.

   ▶ A revalorização do consumo é lançada para objetos de custo.

   ▶ O estoque é revalorizado em FI pelo período que está sendo encerrado.

7. MARCAR PREÇOS DE MATERIAL — este passo é opcional. Uma organização pode decidir não usar o preço unitário periódico como padrão para o mês seguinte. Nesse caso, este passo é ignorado e o sistema usa o preço padrão para o movimento de mercadoria e revaloriza ao preço unitário periódico apenas no fim do mês.

Os passos do cálculo de custeio real podem ser executados várias vezes

 Cada um dos passos de cálculo pode ser realizado quantas vezes forem necessárias. No entanto, o passo de pós-encerramento é realizado apenas uma vez em modo de teste. É possível inverter o passo de pós-encerramento, mas ele deve ser feito apenas quando for absolutamente necessário.

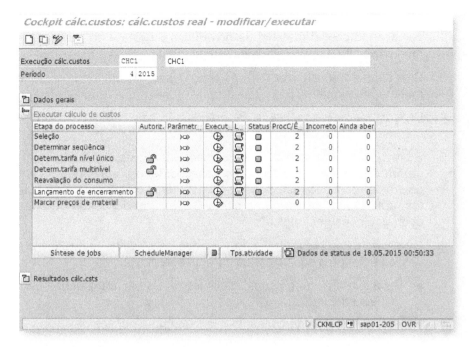

Figura 10.6: CKMLCP — Passos do processo da cabine de encerramento do Ledger de Materiais SAP

10.6   Relatar no Ledger de Materiais SAP

Para além de CKM3N – análise do preço do material – existem alguns outros relatórios no Ledger de Materiais SAP que são úteis para analisar dados para vários materiais de uma só vez. Eles incluem:

► S_P99_41000062 — Preços e valores do estoque

► S_ALR_87013181 — Preços de material e valores do estoque ao longo de vários períodos

As colunas na transação CKM3N incluem:

► MARCAR PREÇOS DE MATERIAL — quantidade na unidade de medida apresentada

► UNIDADE — unidade base de medida

► AVAL.PROV. — valor padrão (quantidade multiplicada pelo custo padrão)

172

▶ DıfNívÚnıc — montante da variação de nível único

▶ DıfMultNív — montante da variação de múltiplos níveis

▶ Dıf.Câmbıo — diferença da taxa de câmbio

▶ Dıf.Preço — montante total de variação

▶ Preço — custo real do material por unidade de preço (valor atual/ quantidade)

▶ Valor real — prelimVal +/- preço dif = valor real da atividade (quantidade multiplicada por preço unitário periódico)

▶ Projeto — unidade de preço

▶ Moeda — moeda (local/grupo)

Para obter o preço real do material do cacau, Alex revisou os dados de CKM3N dos meses anteriores e forneceu ao Bruno o custo real, assim como a informação do estoque de encerramento. Ele estava agora munido de uma série de dados que serão úteis para outras discussões sobre este tema.

11 Análise da rentabilidade: Está tendo algum lucro?

"Havia um pequeno erro tipográfico na nossa Declaração de Resultados Semestral. Onde se lê 'lucro' deve ler-se 'perda'."
— Ex – CFO.

Alex entrou na sala de reuniões de manhã e viu o seu gestor, Bruno, o controlador da fábrica em Chocotown. Bruno tinha convocado uma reunião urgente, em cima da hora, e queria que todos estivessem presentes: Carlos, o gestor de produção, Diego, o controlador de estoque, e Elisa, a chefe financeira da assistência TI.

"A empresa está analisando a rentabilidade da linha de produto que nós introduzimos no último trimestre", disse Bruno, "e estão me dizendo que o produto não é rentável".

"Não pode ser", disse Carlos. "Nós produzimos o material abaixo do custo padrão e todas as nossas variações têm sido favoráveis".

"E o nosso estoque tem estado controlado", disse Diego.

"Eu entendo o que estão dizendo", disse Bruno, "mas não se trata apenas de custo". "Além disso, os níveis de estoque não afetam a rentabilidade".

Diego estava confuso. "Bem, me disseram que tenho que ter o estoque sob controle para os nossos custos serem mais baixos".

Alex interveio. "Isso está correto, mas a rentabilidade do produto e o estoque não estão diretamente ligados. Existe um custo de suporte do estoque, mas este custo está mais relacionado com o bloqueio do capital de trabalho".

"Alex está certo", disse Elisa. "O estoque é um item do balancete e não tem impacto direto sobre a rentabilidade do produto. Se o custo de produção estiver dentro dos limites esperados, a questão tem que ser o preço de venda".

Bruno disse, "Exatamente! Eu já havia dito que, talvez, o marketing não esteja vendendo o produto de acordo com o preço orçamentado".

"Então a culpa não é minha!", Carlos mostrou-se aliviado.

"Não exatamente", disse Bruno. "A análise dos últimos três meses de vendas está em causa. Eles acham que o produto foi vendido ao preço orçamentado e o custo estava dentro dos limites, mas onde perdemos dinheiro foi nos descontos promocionais que demos quando lançamos o produto".

Carlos disse, "Oh céus! Então o que vamos fazer com três das oito linhas de produção que estavam programadas para colocarmos em funcionamento com este produto nas próximas oito semanas? Se me pedir para convertê-las de volta para produtos anteriores, vamos precisar, no mínimo, de três dias de imobilização. Não podemos nos dar a esse luxo quando já estamos com despachos atrasados. Não temos culpa de o marketing não ter considerado o custo promocional!".

"Elisa, você pode nos dar a sua opinião?", perguntou Bruno.

Alex apreciava a opinião de Elisa. Afinal, Elisa ocupou o cargo de assistente de TI financeira durante muito tempo e ela sabia como funcionava o sistema SAP.

"Claro, Bruno", disse Elisa. "Eu acho que os dados que a empresa está a analisar são do módulo de análise da rentabilidade. Ele reúne dados sobre vendas e também custos, sobre onde vendemos uma determinada quantidade de produto, em que mercado, em que canal, a que preço e a que desconto, e assim por diante. Acho que está acontecendo algo com os novos produtos que foram introduzidos. Vamos dar uma olhada no sistema. Posso não ter muita perspectiva comercial, mas posso explicar o fluxo de dados".

11.1 Visão geral da CO-PA

A *análise da rentabilidade (CO-PA)* é um submódulo do SAP Controlling que permite que uma organização avalie os segmentos de mercado que podem ser classificados de acordo com o produto, os clientes, a geografia ou qualquer combinação destes fatores relativamente ao lucro da organização ou *margem de contribuição* (frequentemente designada por *margem bruta*).

A CO-PA dá à gestão informações para suportar a contabilidade interna e a tomada de decisão de um ponto de vista orientado para o mercado.

A *CO-PA baseada no custeio* usa características e campos de valores para coletar dados. A *CO-PA baseada na conta* cria relatórios usando elementos de custo e características, e não são usados campos de valores (essencialmente, os elementos de custo são utilizados para relatar os compartimentos de montantes).

Um *segmento de rentabilidade* é uma série de várias características.

A CO-PA baseada no custeio calcula os lucros de acordo com o método de custo de vendas da contabilidade, em que o custo das vendas é comparado com a receita. É dada ênfase na correspondência do custo com as receitas, o que permite uma análise otimizada da margem de contribuição.

A margem de contribuição é igual às receitas das vendas menos os custos variáveis. Este montante compensa despesas fixas e produz um lucro operacional para o negócio.

Os custos variáveis variam em proporção com os níveis das vendas. Eles podem incluir material direto e custos de trabalho, a parte variável dos custos indiretos de produção, custos de transporte e despesas de comissão das vendas.

Os custos fixos permanecem constantes (a maioria deles) dentro do limite projetado dos níveis das vendas. Eles podem incluir custos de instalações, certos custos administrativos e gerais e despesas de interesse e depreciação.

Todos os termos acima são utilizados para cálculo de um *ponto de equilíbrio* de modo a identificar que segmentos são mais lucrativos.

CO-PA e ledger geral

 A CO-PA não é um sistema de ledger geral e não pode ser usada para o relatório externo. A CO-PA usa dados de vários módulos no SAP Controlling, incluindo vendas e distribuição. A CO-PA fornece uma vista analítica das vendas e operações para o relatório interno e tomadas de decisão.

11.2 Características

Os dados-mestre na CO-PA fornecem os dados fundamentais e o conteúdo dentro das estruturas que já estão determinadas. Os dados-mestre são criados quando são atribuídos valores individuais às características e campos de valores. A combinação de características e valores forma segmentos multidimensionais de rentabilidade que são usados como base para valorizar resultados operacionais. Os segmentos de rentabilidade representam os segmentos de mercado relevantes do ponto de vista comercial.

As características criadas na área de resultado representam os critérios derivados para fornecer uma repartição dos resultados operacionais. O software SAP contém muitas características padrão; mas se essas características não satisfizerem requisitos de relatório, também podem ser criadas características definidas para o usuário. As características são os critérios na análise da rentabilidade (CO-PA) de acordo com os quais são analisados os resultados operacionais e realizadas as vendas diferenciadas e o planejamento do lucro.

Exemplo de características

Uma organização quer reportar sobre a geografia, país, região, canal do cliente e grupo de produto (estes serão definidos como características).

Dentro de cada característica, são captados vários valores possíveis. Por exemplo, relativamente à geografia: as Américas, Europa, Ásia do Pacífico e África. Ou relativamente ao país: os Estados Unidos, Canadá, México, Brasil e Argentina. Ou região: Nordeste, Médio-Atlântico, Centro-Oeste, Sudoeste e Noroeste. Relativamente ao canal do cliente: Vendas Diretas, Distribuidor e Subsidiária.

As características são guardadas no catálogo do campo e são mantidas usando a transação KEA5, tal como se pode ver na Figura 11.1.

O caminho do menu é o seguinte: FERRAMENTAS • CUSTOMIZING • IMG • SPRO PROCESSAMENTO DE PROJETO • CONTROLLING • DEMONSTRAÇÃO DE RESULTADOS • ESTRUTURAS • DEFINIR ÁREA DE RESULTADO • ATUALIZAR CARACTERÍSTICAS.

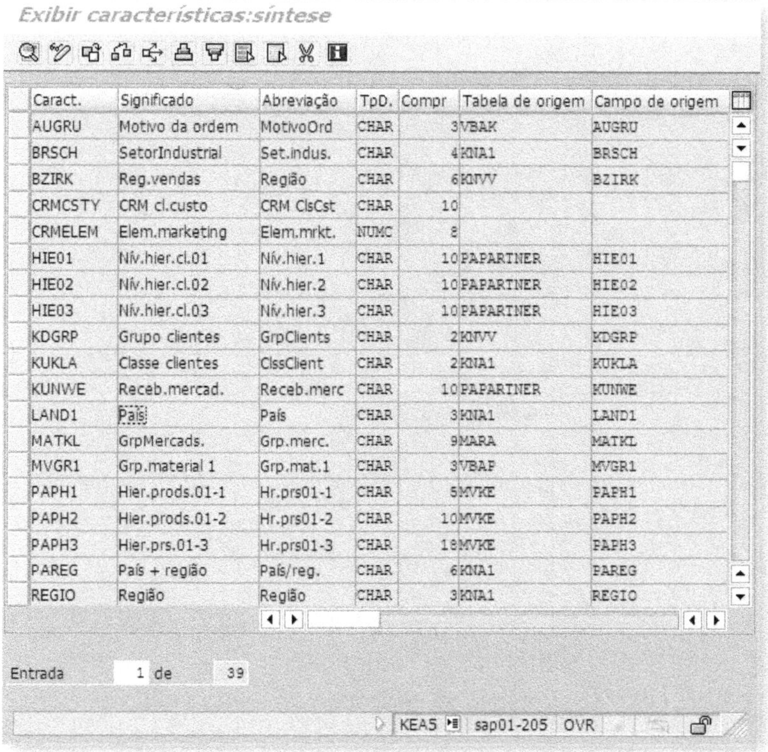

Exibir características:síntese

Q ⅋ ⫰ ⫰ ⫰ ⫰ ⫰ ⫰ ⫰ ⫰ ⫰

Caract.	Significado	Abreviação	TpD.	Compr	Tabela de origem	Campo de origem	
AUGRU	Motivo da ordem	MotivoOrd	CHAR	3	VBAK	AUGRU	
BRSCH	SetorIndustrial	Set.indus.	CHAR	4	KNA1	BRSCH	
BZIRK	Reg.vendas	Região	CHAR	6	KNVV	BZIRK	
CRMCSTY	CRM cl.custo	CRM ClsCst	CHAR	10			
CRMELEM	Elem.marketing	Elem.mrkt.	NUMC	8			
HIE01	Nív.hier.cl.01	Nív.hier.1	CHAR	10	PAPARTNER	HIE01	
HIE02	Nív.hier.cl.02	Nív.hier.2	CHAR	10	PAPARTNER	HIE02	
HIE03	Nív.hier.cl.03	Nív.hier.3	CHAR	10	PAPARTNER	HIE03	
KDGRP	Grupo clientes	GrpClients	CHAR	2	KNVV	KDGRP	
KUKLA	Classe clientes	ClssClient	CHAR	2	KNA1	KUKLA	
KUNWE	Receb.mercad.	Receb.merc	CHAR	10	PAPARTNER	KUNWE	
LAND1	País	País	CHAR	3	KNA1	LAND1	
MATKL	GrpMercads.	Grp.merc.	CHAR	9	MARA	MATKL	
MVGR1	Grp.material 1	Grp.mat.1	CHAR	3	VBAP	MVGR1	
PAPH1	Hier.prods.01-1	Hr.prs01-1	CHAR	5	MVKE	PAPH1	
PAPH2	Hier.prods.01-2	Hr.prs01-2	CHAR	10	MVKE	PAPH2	
PAPH3	Hier.prs.01-3	Hr.prs01-3	CHAR	18	MVKE	PAPH3	
PAREG	País + região	País/reg.	CHAR	6	KNA1	PAREG	
REGIO	Região	Região	CHAR	3	KNA1	REGIO	

◄ ►

Entrada   1 de   39

▷ KEA5 ▣ sap01-205 OVR

Figura 11.1: KEA5 — Manutenção de características

A *derivação de características* é a tentativa de determinar os valores das características para todas as características da CO-PA em uma certa transação de rentabilidade comercial relevante. Os valores das características que são transferidos automaticamente são utilizados para determinar outras características logicamente dependentes. Para fazer isso, o sistema pode acessar a informação contida no documento de origem, assim como a informação que existe fora dele.

A Figura 11.2 apresenta a transação KEDR, em que é mantida a estratégia de derivação de características.

O caminho do menu é o seguinte: FERRAMENTAS • CUSTOMIZING • IMG • SPRO PROCESSAMENTO DE PROJETO • CONTROLLING • DEMONSTRAÇÃO DE RESULTADOS • ESTRUTURAS • DADOS MESTRE • DEFINIR DERIVAÇÃO DE CARACTERÍSTICA.

Figura 11.2: KEDR — Estratégia de derivação de características

A Figura 11.3 apresenta a norma para a derivação de uma categoria de produto com base na hierarquia do produto.

O *segmento de rentabilidade* é um objeto de custo dentro da análise de rentabilidade, em que os custos e as receitas são atribuídos. Um segmento de rentabilidade é definido por uma combinação de valores de características. A combinação de valores de características forma segmentos multidimensionais de rentabilidade, que são usados como base para valorizar resultados operacionais. Os segmentos de rentabilidade representam os segmentos de mercado relevantes do ponto de vista comercial.

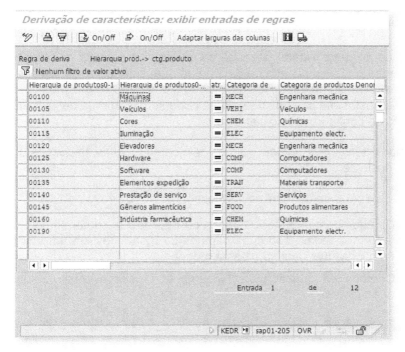

Figura 11.3: KEDR — Valor da norma de características

Exemplo de segmento de rentabilidade

1. Américas + Estados Unidos + Centro-Oeste + Distribuidor

2. Europa + Alemanha + Baviera + Subsidiária

3. Ásia do Pacífico + Austrália + Nova Gales do Sul + Vendas Diretas

4. África + África do Sul + Cabo Ocidental + Distribuidor

11.3 Campos de valores

Na análise de rentabilidade baseada no custeio, os *campos de valores* representam o nível mais alto de detalhe ao qual se analisam as quantidades, as receitas, as deduções de vendas e custos. O mapeamento de receitas e custos em campos de valores pode ser livremente definido no momento da configuração do sistema.

Os campos de valores coletam valores, tais como receitas, deduções de vendas, custos e quantidades.

Existem dois tipos de campos de vendas:

▶ Campos de montantes: Campos de valores que contêm montantes em moedas. Todos os campos de montantes em um único item individual usam a mesma moeda.

▶ Campos de quantidade: Os campos de valores que contêm quantidades.

Usar campos de valores e mapear para elementos de custos

 Os campos de valores são apenas exigidos na CO-PA baseada no custeio (na CO-PA baseada na conta, os elementos de custos são usados para relatar os compartimentos dos montantes).

O mapeamento dos elementos de custos para um campo de valores pode resultar em vários elementos de custos mapeados para um campo de valores, ou no caso de apropriação, um elemento de custo repartido em vários campos de valores. Por isso, é importante entender na totalidade este mapeamento para harmonizar eficientemente a CO-PA com FI.

A Figura 11.4 apresenta a transação KEA6, em que os campos de valores são mantidos para certa área de resultado, com um indicador que determina o tipo de atualização, montante ou quantidade.

O caminho do menu é o seguinte: FERRAMENTAS • CUSTOMIZING • IMG • SPRO PROCESSAMENTO DE PROJETO • CONTROLLING • DEMONSTRAÇÃO DE RESULTADOS • ESTRUTURAS • DEFINIR ÁREA DE RESULTADO • ATUALIZAR CAMPOS DE VALOR.

Os campos de valores podem ser categorizados de acordo com como e quando eles são definidos: campos de valores predefinidos (campos de valores padrão fornecidos SAP) e campos de valores definidos para o usuário que começam com "VV" (definido por essa instalação SAP específica).

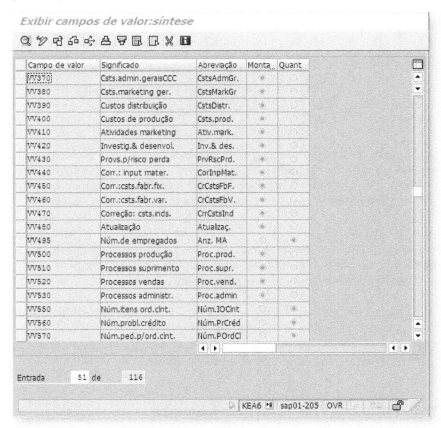

Figura 11.4: KEA6 — Campos de valores

Exemplo do campo de valores

O desempenho da organização será avaliado com base em:

VV010 Receita

VV020 Desconto de quantidade

VV070 Desconto em dinheiro

VV100 Frete de saída

VV130 Comunicação de vendas interna

VV140 Custo da mercadoria vendida

VV170 Custos de trabalho fixos para a produção

VV180 Custos de trabalho variáveis para a produção

VV190 Organização da produção

Os campos de valores precisam ser criados de acordo com o nível de detalhe no qual o resultado operacional tem que ser apresentado. Por exemplo, cada componente de custo é mapeado para um campo de valores para captar o custo dos detalhes de produção da mercadoria.

De modo geral, os campos de valores são muito detalhados relativamente aos números de desempenho das vendas (tais como tipos de receitas, descontos, sobretaxas, etc.) e estão resumidos para outros itens relacionados com os custos do período.

Os itens calculados, tais como vendas líquidas e margem de contribuição, normalmente não são criados como campos de valores separados, mas são calculados quando os relatórios são executados a partir dos valores de base guardados nos campos de valores.

11.4 Fluxo dos valores reais da faturação

Lançar dados das vendas e da distribuição (SD) normalmente constitui a mais importante fonte de informação para a análise de rentabilidade.

O módulo SD calcula as receitas durante a faturação usando um mecanismo para afixar preços e depois introduzi-los no documento de fatura-

184

ção. As deduções das vendas são também registradas no documento de faturação, juntamente com o custo padrão de mercadoria vendida.

A transferência de receitas do SD está configurada na transação KE4I, em que são atribuídas condições SD aos campos de valores.

A Figura 11.5 apresenta a transação KECM (CO-PA: Adaptar Monitor) onde são mapeadas as condições de afixação de preços PR02, VA00, VA01 ao campo de valores VV010 – Receita; enquanto K004, K020, K029 são mapeados para VV040 — Desconto de material.

O caminho do menu é o seguinte: FERRAMENTAS • CUSTOMIZING • IMG • SPRO PROCESSAMENTO DE PROJETO • CONTROLLING • DEMONSTRAÇÃO DE RESULTADOS • FERRAMENTAS • ANÁLISE • VERIFICAR OPÇÕES DO CUSTOMI-ZING.

Análise do campo de valor: detalhe

Condição	Texto - Condição	Campo de v	Texto-Campo valor	+/-	C...	Es...	Chave cta.	Provisões
PN00	Preço líquido	VV010	Receitas				ERL	
PR02	Preço de intervalo						ERL	
VA00	Variantes						ERL	
KP00	Desconto palete	VV020	Desconto por qtd.				ERS	
KP01	Suplemto.qtd.parcial						ERS	
KP02	Descon.palete misto						ERS	
KP03	Sbrtx.p/pltIncmpMst.						ERS	
K007	Desconto cliente	VV030	Desconto cliente				ERS	
RA00	% do líquido						ERS	
K004	Material	VV040	Desconto de material				ERS	
K020	Grupo de preço						ERS	
K029	Grupo de materiais						ERS	
AMIZ	Suplement.val.mínimo	VV060	Outros descontos				ERL	
HA00	Desconto percentual						ERS	
HB00	Desconto absoluto						ERS	
HI01	Hierarquia						ERS	
K005	Cliente/material						ERS	
K030	Cliente/grp.material						ERS	
K031	Grp.preço/grp.mater.						ERS	
KA00	Promoção de vendas						ERS	
SKTO	Desconto	VV070	Desconto	X				
SKTV	Desconto			X				

Figura 11.5: KECM — Condições SD mapeadas para campos de valores

Quando é gerada uma fatura de venda, o sistema transfere todas as características definidas na análise de rentabilidade e contidas no documento de faturação, juntamente com os números do cliente e do produto, do documento para o item individual da CO-PA. Ele também realiza a derivação de características para esses campos, para os quais foi definida a lógica de derivação.

Se o sistema reconhecer um erro (tal como na derivação de características) enquanto lança dados de faturação para FI ou CO-PA, ele lança de qualquer modo o documento de faturação em SD, mas não atualiza o FI nem a CO-PA. Os documentos com erros de faturação são registrados na transação VFX3 (aprovar documentos de faturação para contabilidade). Estes erros têm que ser corrigidos e o documento de faturação deve ser lançado para o FI e a CO-PA usando RELEASE TO ACCOUNTING. Esta função cria o documento FI, assim como o item individual na CO-PA.

Fazer correspondência entre o custo de mercadoria vendida e a receita

 Os erros de faturação registrados na transação VFX3 (aprovar documentos de faturação para contabilidade) devem ser periodicamente vigiados — no mínimo no fim do período — para manter o FI e a CO-PA em harmonia, do ponto de vista da correspondência do custo e da receita.

Quando os dados do documento de faturação são lançados, a função de transferência online transfere os valores diretamente para a análise de rentabilidade.

A avaliação que usa estimativas de custos de material determina o custo das vendas quando a transação de vendas é lançada para a CO-PA. As quantidades de produtos vendidos são multiplicadas pelos custos padrão da mercadoria produzida, incluindo assim componentes detalhados do custo fixo e variável para o custo de mercadoria produzida nas margens de contribuição individuais.

A avaliação do custeio é realizada usando uma estimativa de custo, que está online e em tempo real ao longo da estratégia de avaliação (processo de custeio do produto), no momento em que o documento de faturação flui para FI.

A Figura 11.6 mostra características lançadas para um documento CO-PA gerado no momento de faturação, enquanto a Figura 11.7 apresenta campos de valores lançados para a CO-PA.

O caminho do menu é o seguinte: CONTABILIDADE • CONTROLLING • DE-MONSTRAÇÃO DE RESULTADOS • LANÇAMENTOS REAIS • EXIBIR PARTIDAS INDI-VIDUAIS.

Figura 11.6: KE24 — Características do documento CO-PA

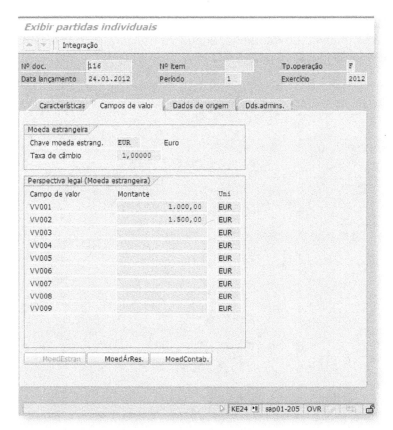

Figura 11.7: KE24 — Campos de valores do documento CO-PA

11.5 Fluxo dos valores reais de FI para CO

Os dados podem ser transferidos para a CO-PA do FI através de uma entrada do caderno manual ou através de certas entradas automáticas de MM, tais como diferenças de estoque físico, reavaliações de material, etc.

A CO-PA permite a atribuição de custos fixos e dos custos excessivos na produção aos segmentos de rentabilidade. A sobreabsorção/subab-sorção remanescente para os centros de custos de produção é transferida periodicamente para a CO-PA através de *avaliações*. Além disso, os custos podem também ser transferidos dos centros de custos adminis-trativos para a CO-PA.

A *estrutura de transferência PA* permite mapear esses custos para os campos de valores. A transação KEI1 é utilizada para mapear esses elementos de custo (ou um grupo de elementos de custo) para um campo de valores específico.

A Figura 11.8 apresenta a transação KECM (CO-PA: Adaptar Monitor), em que vários elementos de custos (enumerados abaixo) estão mapeados para o campo de valores VV365 (diferenças de preço).

231520 — Perda da diferença de preço de níveis inferiores

232500 — Perda da reavaliação de materiais próprios

281520 — Ganho da diferença de preço de níveis inferiores

282500 — Ganho da reavaliação de materiais próprios

Os montantes reais lançados para esses quatro elementos de custos vão fluir para um único campo de valores, VV365.

Análise do campo de valor: detalhe

Visão

Campo de v	Texto	ÁrCtC	Esq.res.	Atribuiç...	Texto	Cl.custo	Texto-Classe cst.de
VV365	Diferenças d...	1000	FI	040	Variação estoque	231520	Despesas diferença preço nível inf.próp.
						232500	Despesas de reavaliação material próprio
						281520	Rend. dif.preço nível inferior próprio
						282500	Rendimento reavaliação material próprio

Figura 11.8: KECM — Estrutura de transferência PA com vários elementos de custos mapeados para um campo de valores

11.6 Fluxo dos valores reais durante a apropriação

As variações de produção para objetos de custos são transferidas para a CO-PA quando as ordens de processo/produção estão liquidadas; tais variações são transferidas para apresentar as categorias de variação individuais na CO-PA.

O sistema permite mapear um elemento de custo para vários campos de valores, dependendo do tipo da categoria de variação. Tal como se pode ver na Figura 11.9, são mapeados diferentes campos de valores (VV290, VV300, VV320, VV330, VV340, VV350 e VV360) para um único elemento de custo (400000 – Consumo de Matéria-Prima) dependendo do tipo de categoria de variação (PRIV, QTYV, LSFV, RSUV, INPV, SCRP, OPPV e REMV).

No entanto, se as variações não tiverem que ser repartidas com este nível de detalhe, elas podem ser mapeadas para um único campo de valores, variações de produção.

Análise do campo de valor: detalhe

Campo d	o valor	Esq.res.	Atribuições	Texto - Atribuição	Cl.custo	Texto-Classe cst.de	CgDR	Texto-Ctg.desvio
VV290	Desvio de preço	C1	020	Desvio de preço	400000	Consumo de matéria-prima 1	DSPR	Desvio de preço de input
VV300	Desvios qtd.material	C1	030	Desvio em quantidade material		Consumo de matéria-prima 1	DSQT	Desvio de quantidade de input
VV320	Desvio tamanho lote	C1	060	Desvio do tamanho de lote		Consumo de matéria-prima 1	DSPF	Desvio tamanho lote/desvio pre
VV330	Desvio de consumo	C1	040	Desvio de estrutura		Consumo de matéria-prima 1	DSES	Desvio de estrutura
VV340	Desvios input	C1	050	Desvio de input		Consumo de matéria-prima 1	DSIN	Desvio residual de input
VV350	Refugo	C1	010	Refugo		Consumo de matéria-prima 1	REFG	Refugo
VV360	Desvios residuais	C1	065	Desvio de preço interno		Consumo de matéria-prima 1	DSPI	Desvio preço interno
VV360	Desvios residuais	C1	070	Desvio residual		Consumo de matéria-prima 1	DSRS	Desvio residual
VV290	Desvio de preço	C1	020	Desvio de preço	400001	Sucata de material externo	DSPR	Desvio de preço de input
VV320	Desvio tamanho lote	C1	060	Desvio do tamanho de lote		Sucata de material externo	DSPF	Desvio tamanho lote/desvio pre
VV330	Desvio de consumo	C1	040	Desvio de estrutura		Sucata de material externo	DSES	Desvio de estrutura
VV340	Desvios input	C1	050	Desvio de input		Sucata de material externo	DSIN	Desvio residual de input
VV350	Refugo	C1	010	Refugo		Sucata de material externo	REFG	Refugo
VV360	Desvios residuais	C1	065	Desvio de preço interno		Sucata de material externo	DSPI	Desvio preço interno
VV360	Desvios residuais	C1	070	Desvio residual		Sucata de material externo	DSRS	Desvio residual
VV290	Desvio de preço	C1	020	Desvio de preço	400002	Consumo contr.qualidade material ext...	DSPR	Desvio de preço de input
VV300	Desvios qtd.material	C1	030	Desvio em quantidade material		Consumo contr.qualidade material ext...	DSQT	Desvio de quantidade de input
VV320	Desvio tamanho lote	C1	060	Desvio do tamanho de lote		Consumo contr.qualidade material ext...	DSPF	Desvio tamanho lote/desvio pre
VV330	Desvio de consumo	C1	040	Desvio de estrutura		Consumo contr.qualidade material ext...	DSES	Desvio de estrutura
VV340	Desvios input	C1	050	Desvio de input		Consumo contr.qualidade material ext...	DSIN	Desvio residual de input
VV350	Refugo	C1	010	Refugo		Consumo contr.qualidade material ext...	REFG	Refugo
VV360	Desvios residuais	C1	065	Desvio de preço interno		Consumo contr.qualidade material ext...	DSPI	Desvio preço interno
VV360	Desvios residuais	C1	070	Desvio residual		Consumo contr.qualidade material ext...	DSRS	Desvio residual

Figura 11.9: KECM — Estrutura de transferência PA com categorias de variação com um elemento de custo mapeado para vários campos de valores

11.7 Conclusão

A CO-PA fornece a transferência de dados e avaliação de documentos de vendas e documentos FI/MM para relevantes dimensões de mercado.

Além disso, a CO-PA também oferece uma ampla gama de transações de alocação que permite a aplicação de custos indiretos aos produtos, clientes e divisões que os originou.

"Portanto, até agora, o que vimos", disse Elisa, "foi que a CO-PA é uma ferramenta muito eficaz para descobrir se estamos ou não ganhando dinheiro. A empresa tem informação sobre as vendas brutas, os descontos promocionais, os retornos, o custo da mercadoria vendida e os custos fixos. Eles analisaram esta informação relativamente à nossa nova linha de produto. Apesar de as vendas e os custos estarem em linha com as expectativas, os descontos parecem estar criando problemas".

"Mas então e os custos fixos?" perguntou Carlos. "Os nossos custos fixos são os mesmos do ano passado. Nós não acrescentamos nenhuma capacidade para produzir esta nova linha de produto, nós apenas mudamos três linhas da antiga linha de produto".

"Você está falando de um ponto importante", disse Alex. "Os custos fixos continuam fixos em sua maioria. Será que os descontos promocionais são temporários por natureza e, se nós os removermos do conjunto, a linha será lucrativa? Talvez os nossos volumes fossem baixos dado o lançamento inicial e podemos vir a ter uma subida nos próximos meses?"

"Excelente, Alex!" disse Bruno. "Não pensei nisso. Lembro-me de a empresa me dizer que estão vendo com o marketing quanto tempo vai durar a promoção. Falavam em terem procurado algumas aprovações especiais e fundos para esta promoção, portanto parece-me que é temporária. Deixem-me ver se eles têm uma atualização. Vou ao meu escritório fazer umas ligações. Alex e Elisa, posso pedir para vocês, enquanto isso, reverem os dados sobre a última semana? Talvez as promoções já acabaram? Talvez a empresa tenha olhado para o último mês concluído no sistema, mas não para os dados mais recentes. Está tudo em tempo real, portanto, devemos ser capazes de verificar rapidamente".

Alex e Elisa procuraram os dados da última semana e constataram que as promoções não apareciam nos documentos de faturação ou nos documentos da CO-PA. Bruno recebeu um feedback similar da empresa e do marketing. Além disso, o marketing afirmou que a nova linha de produto foi bem recebida no mercado e que era provável que os volumes subissem nos próximos meses. Afinal, a nova linha de produtos estava dando lucro; era apenas um desconto a curto prazo e os baixos volumes que estavam distorcendo os números.

"Muito bem, equipe", disse Bruno. "Graças aos detalhes coletados no sistema, fomos capazes de pensar juntos e analisar o que estava acontecendo. Carlos, parece que você está preso a essas três linhas de produção não por oito, mas pelas próximas vinte semanas! Vamos todos celebrar. O almoço é por minha conta!" Bruno agradeceu a cada um. Cada um sentia que tinha conquistado algo no fim desta longa reunião.

12 "Os números devem corresponder!" Um sonho de controlador...

"Apenas os contadores é que podem salvar o mundo,
através da paz, boa vontade e reconciliações."
— *o contador alternativo*

"Oi, Alex, preciso da sua ajuda". Diego, o controlador de estoque nas instalações de Chocotown, falava apressadamente quando entrava, em uma tarde, na sala do Alex. "Tenho um e-mail do chefe da cadeia de fornecimento na sede, dizendo que os números do estoque para o último mês estão errados. Eu acho que os números que reportei estão certos, pois foram obtidos com base no mesmo método que usamos consistentemente há meses. Não sei bem o que está acontecendo!"

"Eles podem estar lendo os números incorretamente", disse Alex. "Bruno e eu revisamos os números no nosso relatório mensal. Vamos perguntar à Elisa e ver se ela consegue ajudar a resolver o enigma. De qualquer modo, eu queria lhe fazer umas perguntas sobre a integração MM-FI".

12.1   MB5L: Lista de valores do estoque

"Eu já vi isso acontecer antes", disse Elisa. "Tivemos uma questão idêntica há alguns meses. Provavelmente o pessoal em HQ está usando MB5L com os parâmetros de seleção errados".

"MB5L? Nunca ouvi falar nessa transação", disse Diego.

"Nem eu!" disse Alex.

"OK, vamos passo a passo", disse Elisa. "Diga-me, Diego, o que você usa para rever o seu estoque atual?"

12.2 MMBE: Visão geral do estoque

"MMBE para um material individual e MB52 para múltiplos materiais ou uma fábrica inteira", disse Diego. "Deixe eu mostrar a vocês".

Diego abriu o seu laptop e mostrou duas transações à Elisa e ao Alex.

A Figura 12.1 apresentava a tela MMBE VISÃO GERAL DE ESTOQUES para um material individual.

O caminho do menu é o seguinte: LOGÍSTICA • ADMINISTRAÇÃO DE MATE-RIAIS • ADMINISTRAÇÃO DE ESTOQUES • AMBIENTE • ESTOQUE • VISÃO GERAL DE ESTOQUES.

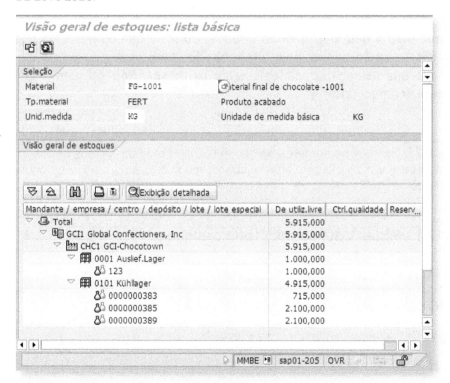

Figura 12.1: MMBE: captura de tela de estoque para um material indivi-dual

12.3 MB52: Estoque de material de armazém

"Deixem que eu mostre a vocês agora o MB52 que eu uso para todos os meus materiais. Até tenho uma organização de layout para poder ver essas colunas que eu uso mais frequentemente".

Diego mostrava orgulhosamente a tela de seleção MB52 que lhe era tão familiar (consulte a Figura 12.2).

O caminho do menu é o seguinte: LOGÍSTICA • ADMINISTRAÇÃO DE MATE-RIAIS • ADMINISTRAÇÃO DE ESTOQUES • AMBIENTE • ESTOQUE • ESTOQUE EM DEPÓSITO.

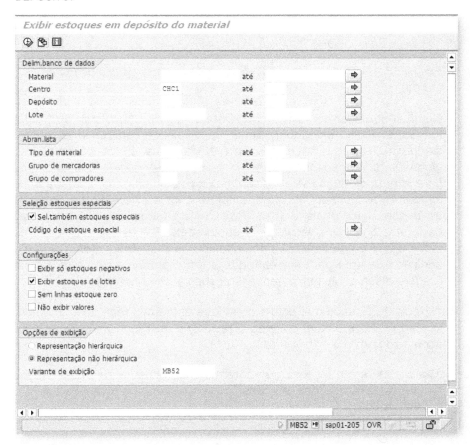

Figura 12.2: MB52: captura de tela de estoque para múltiplos materiais (seleção)

195

Assim que Diego clicou em executar ⊕, no canto superior esquerdo, apareceu um relatório organizado que mostrava os níveis atuais de estoque para cada um dos materiais com número de lotes. Até mostrava o montante de estoque suportado na fábrica. A Figura 12.3 mostra a tela de saídas MB52.

Material	Texto breve de material	Cen.	Nome 1	TMat	Dep.	E	Lote	UMB	Util.livre	Moed	Val.utiliz	Trâns.e TE	Val.em trâ	Em CtrQld.	Valor veri
FG-1001	Material final de chocolate -10	CHC1	GCI-Chocotown	FERT	0001		123	KG	1.000	USD	4.478,00	0	0,00	0	0,00
FG-1001	Material final de chocolate -10	CHC1	GCI-Chocotown	FERT	0101		0000000383	KG	715	USD	3.201,77	0	0,00	0	0,00
FG-1001	Material final de chocolate -10	CHC1	GCI-Chocotown	FERT	0101		0000000384	KG	0	USD	0,00	0	0,00	0	0,00
FG-1001	Material final de chocolate -10	CHC1	GCI-Chocotown	FERT	0101		0000000385	KG	2.100	USD	9.403,80	0	0,00	0	0,00
FG-1001	Material final de chocolate -10	CHC1	GCI-Chocotown	FERT	0101		0000000389	KG	2.100	USD	9.403,80	0	0,00	0	0,00
RAW-1001	Matéria-prima para chocolate -1	CHC1	GCI-Chocotown	ROH	0001		1	G	4.149.900	USD	12.449,70	0	0,00	0	0,00
*										USD	38.937,07		0,00		0,00

Figura 12.3: MB52: captura de tela de estoque para múltiplos materiais (saída)

Como controlador de estoque das instalações de Chocotown da GCI, a função do Diego era supervisionar os níveis de estoque e assegurar sempre um estoque otimizado de matéria-prima. Estoque a mais iria bloquear muito capital de trabalho e estoque a menos causaria uma paragem da produção. Além disso, nos dois últimos anos, foi dada a ele também a responsabilidade adicional de gerir o inventário de produtos acabados. Diego gostava desta nova tarefa e tudo o que entrava e saia da fábrica tinha que passar pela equipe dele. Ele estava orgulhoso do modo como a equipe estava contribuindo para as operações. Cada expedição que saía para ser entregue a um cliente era algo que dava a Diego e à sua equipe uma sensação especial de conquista.

"Excelente! E sabe que este é o estoque em tempo real, deste momento, certo?" Elisa estava guiando o raciocínio de Diego para o que teria acontecido em HQ.

"Claro. Este é o meu estoque agora mesmo, enquanto falamos. Graças a estas duas transações, eu consigo supervisionar os níveis de estoque o tempo todo".

12.4   MB51: Lista de documentos de material

"Ótimo! Então você pode me dizer qual foi o estoque no último dia do período anterior?" disse Elisa.

"Bem, eu podia lhe dar o número, desde que não tivesse havido movimentos desde então!" disse Diego. "Agora a sério, como sabemos, esta fábrica funciona sete dias por semana e há movimentos de material a toda a hora, e os níveis de estoque estão sempre mudando! O que posso fazer é pegar no nível atual do estoque de MB52, retirar todas as transações realizadas desde o primeiro dia do mês até hoje a partir de MB51 e dar-lhe o estoque do último dia do mês anterior".

O caminho do menu é o seguinte: LOGÍSTICA • ADMINISTRAÇÃO DE MATERIAIS • ADMINISTRAÇÃO DE ESTOQUES • AMBIENTE • EXIBIR LISTA • DOCUMENTOS MATERIAL.

"Boa ideia, Diego", disse Elisa. "A lista de documentos de material MB51 dá todos os movimentos para uma faixa de datas e você pode ajustar o MB52 a partir de agora para obter a resposta, mas não acho que isso seja necessário. Deixe eu lhe mostrar outra maneira de fazer isso".

Elisa mostrou uma tela da sua máquina a Alex e a Diego.

"MB5L é o relatório do ledger geral para MB52. A equipe da sede usa este relatório para associar o número de estoque na gestão de materiais ao número de estoque no ledger geral. Olhem para a tela de seleção".

Elisa mostrou Figura 12.4 a Alex e a Diego. "Prestem atenção ao botão de seleção do período. Eu selecionei PERÍODO ATUAL no relatório".

O caminho do menu é o seguinte: LOGÍSTICA • ADMINISTRAÇÃO DE MATERIAIS • ADMINISTRAÇÃO DE ESTOQUES • TAREFAS PERIÓDICAS • LISTA DE VALORES DO ESTOQUE.

197

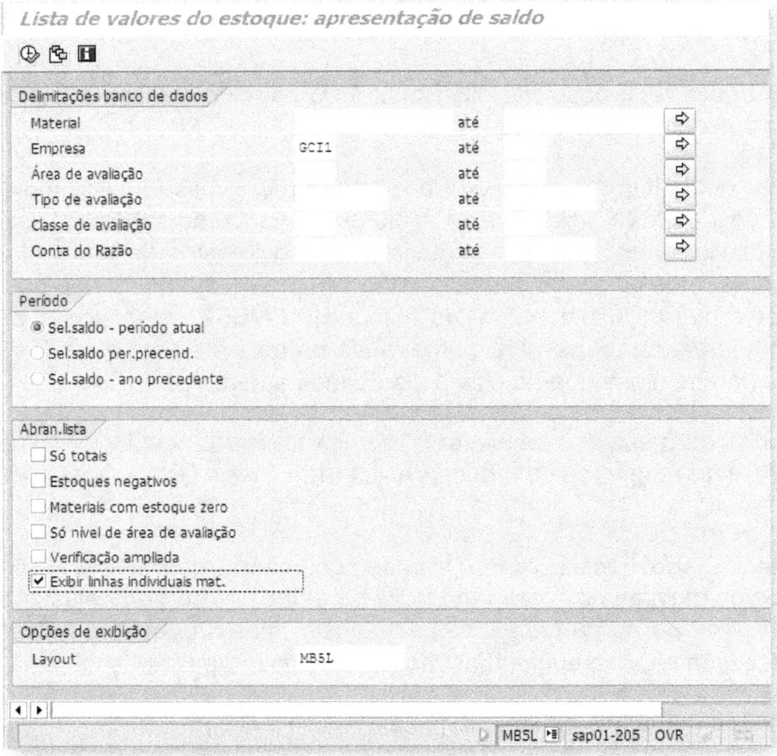

Figura 12.4: MB5L: captura de tela da contabilidade financeira de estoque (seleção)

Elisa executou o relatório para obter o resultado na tela seguinte (consulte a Figura 12.5). "Como podem ver, o valor de estoque para o período atual em MB5L vai associar-se ao número reportado em MB52".

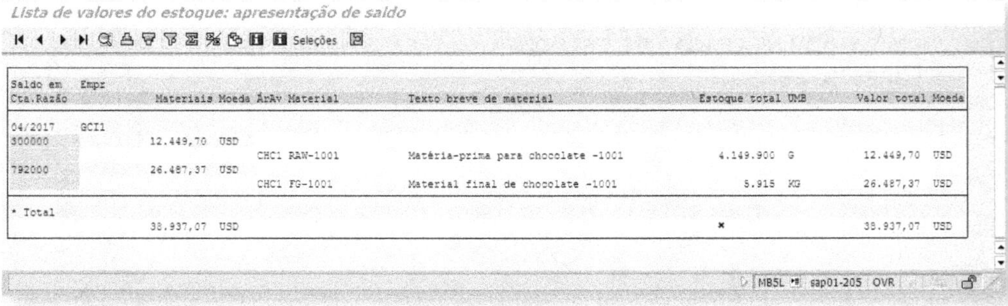

Figura 12.5: MB5L: captura de tela do período atual da contabilidade financeira de estoque (saída)

"Sim, vai!" exclamou Diego. "Além disso, também não vejo aqui o número do lote e a localização do armazém. Portanto, se fosse eu, continuaria com o meu bom e antigo MB52 que capta tanto a localização do armazém como o número do lote".

"Você está absolutamente certo, Diego. O MB5L não tem tanto detalhe como o MB52 e, por isso, você deveria continuar usando o MB52 para os seus fins", disse Elisa.

"Para mim, o MB5L parece um relatório contabilístico para o estoque", disse Alex. "Além disso, também somos capazes de ver o saldo de estoque através da conta GL, o que basicamente quer dizer que esta informação está disponível em tempo real".

"Mas como explicamos aquilo que a sede está vendo?" disse Diego.

"Sim, vamos tentar esclarecer", disse Elisa. "Deixe eu lhe mostrar como o MB5L vai mudar se eu executá-lo para o período anterior".

Ela voltou à tela de seleção do MB5, mudou a seleção para PREVIOUS PERIOD e executou o relatório novamente (consulte a Figura 12.6). "Vai ver que não houve nenhuma mudança na matéria-prima. No entanto, o material acabado mudou um pouco". Elisa apontou para o material FG-1001.

Lista de valores do estoque: apresentação de saldo

Saldo em Cta.Razão	Empr	Materiais Moeda ÁrAv Material		Texto breve de material	Estoque total UMB	Valor total Moeda
03/2017 300000	GCT1	21.450,00 USD				
			CHC1 RAW-1001	Matéria-prima para chocolate -1001	7.150.000 G	21.450,00 USD
792000		12.605,57 USD				
			CHC1 FG-1001	Material final de chocolate -1001	2.815 KG	12.605,57 USD
* Total		34.055,57 USD			×	34.055,57 USD

Figura 12.6: MB5L: captura de tela de estoque na contabilidade financeira para o período anterior (saída)

"Diego, você pode executar o MB51 e verificar quais movimentos ocorreram para FG-1001 desde o início do mês?" perguntou Elisa.

"Sim, nós produzimos aproximadamente 3.100 KG. Ainda não vendemos nada neste mês. Tendo em conta que o estoque atual é de 5.915 KG, dá para presumir que o estoque do fim do último mês era de 2.815 KG", explicou Diego.

"Exatamente. E olhe para o que o MB5L está lhe mostrando para o período anterior — 2.815 KG!" exclamou Elisa.

"Uau. Isto é bem legal!" disse Diego. "Mas será que tenho que executar tanto o MB52 quanto o MB51 para cada material?"

"Não, eu tenho outra transação para isso", disse Elisa. "Tente executar o MB5B pelo último dia do mês. Vamos fazer isso juntos". Elisa foi para o MB5B no seu sistema.

12.5   MB5B: Estoque na data de lançamento

"Tal como você vai ver, a partir da seleção inicial, o MB5B é executado em certo período de tempo. Você quer saber qual é o estoque no fim do último mês e, por isso, deve executá-lo desde o início ao fim do mês anterior. Deixe que eu execute desde o início do ano, apenas para demonstrar".

A Figura 12.7 mostrou a seleção inicial de MB5B.

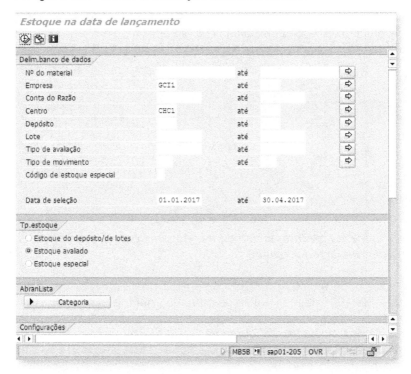

Figura 12.7: MB5B: estoque em uma data de lançamento (seleção)

O caminho do menu é o seguinte: LOGÍSTICA • ADMINISTRAÇÃO DE MATE-RIAIS • ADMINISTRAÇÃO DE ESTOQUES • AMBIENTE • ESTOQUE • ESTOQUE NA DATA DE LANÇAMENTO.

"Agora, à medida que executo este relatório", disse Elisa, "o sistema vai trabalhar avançando desde a data inicial e considerar todos os movimentos ocorridos, para nos dar a quantidade e o valor do estoque na data de lançamento indicada".

"Ah, então funciona para frente, enquanto a minha abordagem de MB52 e MB51 combinada é mais um cálculo para trás", disse Diego.

"Precisamente!" disse Elisa. "Como verá na saída MB5B (consulte a Figura 12.8), ele mostra um estoque em aberto, entradas, saídas e finalmente o estoque fechado. E aqui está o nosso 2.815 KG de FG-1001!"

Estoques do material entre 01.01.2017 e 30.04.2017

Área de avaliação   CHC1
Material   FG-1001
Denominação   Material final de chocolate -1001

Estoque/valor p/ 01.01.2017	2.815 KG	12.605,57	USD
Total/valor entradas	3.100 KG	13.881,80	USD
Total/valor das saidas	0 KG	0,00	USD
Estoque/valor p/ 30.04.2017	5.915 KG	26.487,37	USD

Dep.	TMv	E	Doc.mat.	Item	Nº doc.	Data lçto.	Quantidade	UMB	Montante em MI
0001	101		5000020030	1	5000000000	04.04.2017	1.000	KG	4.478,00
0101	101		5000020040	1	5000000002	16.04.2017	2.100	KG	9.403,80

Área de avaliação   CHC1
Material   RAW-1001
Denominação   Matéria-prima para chocolate -1001

Estoque/valor p/ 01.01.2017	7.150.000 G	21.450,00	USD
Total/valor entradas	7.900.000 G	23.700,00	USD
Total/valor das saidas	10.900.100- G	32.700,30-	USD
Estoque/valor p/ 30.04.2017	4.149.900 G	12.449,70	USD

Dep.	TMv	E	Doc.mat.	Item	Nº doc.	Data lçto.	Quantidade	UMB	Montante em MI
0001	261		4900008052	1	4900000000	04.04.2017	100-	G	0,30-
0001	261		4900008053	1	4900000001	04.04.2017	100.000-	G	300,00-
0001	261		4900008054	1	4900000002	04.04.2017	7.000.000-	G	21.000,00-
0001	262		4900008055	1	4900000003	04.04.2017	6.000.000	G	18.000,00
0001	261		4900008070	1	4900000004	16.04.2017	1.900.000-	G	5.700,00-
0001	262		4900008071	1	5000000001	16.04.2017	1.900.000	G	5.700,00
0001	261		4900008072	1	4900000005	16.04.2017	1.900.000-	G	5.700,00-

MB5B   sap01-205 OVR

Figura 12.8: MB5B: estoque em uma data de lançamento (saída)

"Muito bem", disse Diego. "Pelo menos não tenho que executar dois relatórios e calcular manualmente os números".

Alex conseguia entender o que fez com que a sede pensasse que os números do estoque estavam desativados. Ele propôs uma hipótese a Elisa e Diego. "Será que o relatório MB5L tinha a seleção incorreta, levando a sede a concluir que estavam desativados?"

"É isso mesmo, Alex!" disse Elisa. "Foi isso que aconteceu da última vez também. É que o MB5L tem o código da empresa, assim como a área de avaliação (a fábrica) na seleção inicial. Apesar de a área de avaliação estar na seleção, eu não recomendo colocar a fábrica na tela inicial. Tem sempre a possibilidade do subtotal ou de filtrar na tela de saída. A mesma regra aplica-se a todos os campos abaixo do nível do código da empresa".

Seleção MB5L

 Não é uma boa prática executar a transação MB5L (lista de valores do estoque) abaixo do código da empresa, pois as restrições nestes campos, tais como de material e/ou área de avaliação, podem levar a resultados incorretos.

"Certo!" disse Diego. "Portanto, alguém na sede colocou a nossa fábrica CHC1 na seleção e obteve um resultado incorreto. Tendo em conta que o código da nossa empresa GCI1 inclui fábricas adicionais no grupo, os números não se associaram ao que reportamos o mês passado. Deviam executá-lo para GCI1 e depois obter o subtotal para CHC1 para obter o número para a nossa fábrica".

"Absolutamente!" disse Elisa. "Quer esclarecer esta observação com a sede e ver se foi isso mesmo que aconteceu?"

"Claro, vou ligar para eles do meu escritório e já volto a falar com vocês", disse Diego.

"O que você acha, Alex?"

12.6 OBYC: Determinação da conta MM-FI

"Para mim, faz sentido", disse Alex. "Obrigada por acrescentar uma explicação ao tema. Tenho uma questão sobre vários tipos de movimentos. No outro dia estava analisando MB51 e reparei que cada material

202

tinha diferentes tipos de movimentos e que cada movimento tinha um fluxo de contabilidade diferente. Você pode me dar uma visão geral dos tipos de movimentos?"

"Claro", disse Elisa. "Pode ser um pouco técnico, mas você parece estar interessado em entender a organização técnica. Assim que entender esta organização, você será capaz de visualizar o fluxo e navegar pelo sistema eficientemente. Realmente, a transação OBYC *Determinação da conta MM-FI* forma o núcleo da integração do SAP entre estes dois módulos. Graças a esta integração firme, todos estes relatórios da gestão de materiais que nós vimos, MMBE, MB52, MB5B e MB51, refletem-se com precisão nos relatórios de contabilidade financeira, tal como MB5L. Olhe este gráfico". Elisa apontou para a Figura 12.9 que abordava tipos de movimentos e entradas contabilísticas.

O caminho do menu é o seguinte: FERRAMENTAS • CUSTOMIZING • IMG • SPRO PROCESSAMENTO DE PROJETO • ADMINISTRAÇÃO DE MATERIAIS • AVALIAÇÃO E CLASSIFICAÇÃO CONTÁBIL • DETERMINAÇÃO DE CONTAS• DETERMINAÇÃO DE CONTA SEM ASSISTENTE• DEFINIR LANÇAMENTOS AUTOMÁTICOS • CLASSIFIÇÃO CONTÁBIL.

Processo	Tipo de Movimento - Descrição	Modificador da conta de movimentação	Conta de débito GL	Descrição da conta de débito GL	Modificador da conta de movimentação	Conta de crédito GL	Descrição da conta de crédito GL
Compra de matéria-prima	101 - Entrada de mercadorias para ordem de compra	BSX	300000	Matérias-primas 1	WRX	191100	Compensação entr.mercad./entr.fatura - suprim.ext.
Consumo de matérias-primas para a ordem de processo	261 - Saída de mercadorias para ordem	GBB-VBR	400010	Consumo de matérias-primas 2	BSX	300000	Matérias-primas 1
Produção de materiais semiacabados para a ordem de processo	101 - Entrada de mercadorias para ordem de processo	BSX	790000	Produtos não acabados	GBB-AUF	895000	Atividade de centro de ordens produção
Consumo de materiais semiacabados para a ordem de processo	261 - Saída de mercadorias para ordem	GBB-VBR	890000	Consumo produtos não acabados	BSX	790000	Produtos não acabados
Produção de materiais acabados para ordem de processo	101 - Entrada de mercadorias para ordem de processo	BSX	792000	Produtos acabados	GBB-AUF	895000	Atividade de centro de ordens produção
Amostragem para inspeção da qualidade	331 - Saída de mercadorias para amostragem da inspeção de qualidade	GBB-VQP	237000	Despesas de consumo controle de qualidade	BSX	792000	Produtos acabados
Venda de material acabado	601 - Saída de mercadorias: entrega	GBB-VAX	892000	Change in finished products inventory	BSX	792000	Produtos acabados
Desmantelamento do material acabado	551 - Saída de mercadorias para desmantelamento	GBB-VNG	890001	Scrapped material - own production	BSX	792000	Produtos acabados
Ciclo de contagem (inventário físico) do material acabado	701 - Entrada de mercadorias para ajuste do inventário físico	BSX	792000	Produtos acabados	GBB-INV	233000	Despesas por diferenças de inventário
Carga de inventário inicial de material acabado	561 - Entrada inicial das quantidades do estoque	BSX	792000	Produtos acabados	GBB-BSA	799999	Registr inicial estoques sist.(produto prod.inter)
Consumo de matéria-prima a partir do estoque do subcontratante (ação especial "O")	543 - Saída de mercadorias do estoque no subcontratante	GBB-VBO	400010	Consumo de matérias-primas 2	BSX	300000	Matérias-primas 1
Produção de produtos acabados pelo subcontratante (produção)	101 - Entrada de mercadorias do subcontratante	BSX	792000	Produtos acabados	BSV	893010	Custos produção do volume vendas (s/classe custo)
Produção de produtos acabados pelo subcontratante (taxa de portagens)	101 - Entrada de mercadorias do subcontratante	FRL	417001	Atividades de aquisição	WRX	191100	Compensação entr.mercad./entr.fatura - suprim.ext.

Figura 12.9: Tipos de movimentos e entradas contabilísticas

"Como você pode ver", disse Elisa, "nós temos o processo listado na coluna mais à esquerda, com tipo de movimento na coluna seguinte, e o lançamento do débito e do crédito nas colunas que se seguem. Também dá para ver a *transação* e o *modificador de conta*. Estes são termos do SAP para agrupar logicamente tipos idênticos de transações. O modificador de conta da transação, juntamente com a *classe de avaliação* gera as entradas contabilísticas. Deixe eu dar um exemplo a você".

Chaves de transação e modificador de conta

 As chaves de transação são usadas para determinar contas de ledger gerais utilizadas pelo sistema. O modificador de conta é utilizado para diferenciar a determinação da conta, dependendo do procedimento.

A chave de transação é predefinida no sistema SAP e não pode ser mudada. O modificador de conta da transação e a classe de avaliação geram as entradas contabilísticas.

A chave de transação na determinação da conta MM-FI não é a mesma do código de transação. Um código de transação é um código alfanumérico que representa uma tarefa em particular no SAP. Ele permite aos usuários acessar tarefas diretamente, sem ter que usar os caminhos do menu.

"Você pode ter visto uma entrada contabilística no momento da compra de uma matéria-prima como um débito ao estoque e um crédito ao GR/IR", disse Elisa. "Bem, a organização da configuração da transação BSX (lançamento do estoque) é responsável pelo lançamento do estoque e WRX (conta transitória GR/IR), pelo lançamento GR/IR. Assim, quando é utilizado o tipo de movimento 101 para registrar entrada de matéria-prima (classe de avaliação 3000) para uma ordem de compra, o sistema consulta a conta GL à procura da transação BSX e WRX para a classe de avaliação 3000 e registra no documento contabilístico".

"De igual modo, quando esta matéria-prima é consumida usando o tipo de movimento 261, o sistema procura a transação GBB (lançamento de contrapartida para lançamento de estoque) para o modificador da conta (consumo para saída de mercadoria interna) e isso reflete a conta GL no documento contabilístico".

"A configuração da determinação da conta OBYC MM-FI é definida no momento da implementação original e, assim que estiver definida, essas contas são derivadas num segundo plano. Claro que é melhor testar a organização antes da ativação para garantir que as contas corretas estão sendo marcadas para as respectivas transações. Pode-se mudar esta configuração depois da ativação, mas a organização revista tem que ser bem testada, caso contrário corremos o risco de causar um impacto sobre as operações regulares".

"Obrigado pela explicação, Elisa. Agora entendo", disse Alex. "No outro dia, tinha uma questão de auditoria em que os auditores queriam que eu fornecesse lançamentos GL para todas as amostras consumidas para a inspeção de qualidade relativamente a um dos nossos materiais acabados. Eu fiz consultas e vi que cada documento de material que tinha o tipo de movimento 331 tinha o mesmo impacto contabilístico. Agora já sei que o sistema estava usando GBB-VQP e BSX para o lançamento".

"Elisa, Alex, vocês dois estavam corretos!" disse Diego enquanto entrava ao escritório da Elisa. "A sede estava usando a área de avaliação na seleção. Eu pedi que voltassem a executar o relatório ao nível do código da empresa e eles conseguiram obter o mesmo número de estoque que nós reportamos. Obrigado pela ajuda de todos vocês".

12.7 Conclusão

"Sempre às ordens, Diego", disse Elisa. "Sempre aprendi que o sistema se comporta sempre de modo correto. Só temos que saber onde procurar. Muitas vezes, alguém pode ter realizado uma transação incorretamente, ou pode ter executado um relatório incorretamente. O que você diz, Alex?"

"Concordo", disse Alex. "Sempre aprendi muito quando acompanho a abordagem *são sempre as pessoas e o processo que distorcem as coisas, o sistema funciona sempre corretamente!*"

13 Conclusão: E se adquiríssemos uma empresa?

"Alex, você leu as novidades na intranet?" perguntou Bruno a Alex um dia. "Estamos adquirindo outra empresa de confeitaria chamada National Confectioners, Limited (NCL). A sede está à espera de sugestões sobre como integrá-la do ponto de vista das operações e do TI. Já soube que você entende bem a nossa organização de sistema e, sendo assim, será que você e a Elisa conseguem pensar em algo que pudéssemos apresentar à Administração? Eu vou apresentar vocês dois ao Frank, que é o controlador da fábrica na NCL. Ele vai ajudar vocês a explicar a definição em NCL para vocês terem todos os fatos".

"Claro, Bruno, será um prazer trabalhar nessa missão", disse Alex.

Alguns dias depois, Alex encontrou-se com Bruno. "Aqui está o que a Elisa e eu sugerimos com base nas nossas conversas com o Frank", disse Alex. "A NCL usa atualmente um sistema desenvolvido internamente para as suas operações diárias. Nós recomendamos que as tragam para o nosso sistema SAP para equilibrar a nossa organização de sistema e harmonizar os nossos processos".

- ▶ **Código de empresa** — A NCL será configurada como um código de empresa à parte. A Administração gostaria de manter a NCL como uma entidade independente, enquanto equilibra o alcance da rede de distribuição da GCI.

- ▶ **Quadro de contas** — Vamos continuar usando o quadro de contas existente. Isto vai facilitar a consolidação ao reportar todos os nossos códigos de empresa. Vamos apenas precisar expandir as contas GL ao código de empresa da NCL.

- ▶ **Área de resultado, variável do ano fiscal e área de controle** — Nós recomendamos que a NCL use a área de resultado da GCI, a variável do ano fiscal e a área de controle, tendo em conta que a Administração quer uma única vista de relatórios internos de operações combinadas da GCI e da NCL.

▶ **Fábricas** — As três instalações fabris de NCL serão organizadas como três fábricas à parte, atribuídas ao novo código de empresa para a NCL. Já existem muitos movimentos de mercadoria entre as três fábricas. Nós prevemos muito movimento entre as fábricas da GCI e as fábricas da NCL, o que será permitido usando a transferência de estoque interempresa.

▶ **Vendas** — A NCL usa atualmente a rede de distribuição de outra empresa. Eles vão mudar para a rede de distribuição da GCI. Isto vai permitir à empresa combinada usar a organização de vendas e de distribuição da GCI.

▶ **Centros de lucros e centros de custos** — Temos de organizar novos centros de lucros e centros de custos para a NCL. As instalações fabris da NCL serão apresentadas na hierarquia do centro de lucros e na hierarquia do centro de custos, tal como a atual organização da GCI.

▶ **Tipo de atividade** — Os atuais geradores de custos da GCI são o trabalho direto e as horas-máquina. A NCL usa um gerador de custos adicional para custo de organização da máquina. Isto é um componente de custo substancial para a NCL e eles gostariam de continuar a ter esta visibilidade quando se mudarem para o nosso sistema. Podemos planejar implementar também este tipo de atividade adicional na GCI. No entanto, temos que rever os esforços envolvidos ao readaptar as fórmulas da GCI através da equipe de planejamento da produção.

▶ **Alocações de custos** — Além destas alocações de custos específicas da fábrica para replicar a estrutura da GCI na NCL, vamos também precisar de alocações de custos HQ para a NCL.

▶ **Ordens internas** — Uma vez que a integração da NCL na GCI requer um investimento significativo mais ou menos nos próximos dezoito meses, nós recomendamos utilizar ordens internas para cada função específica, de modo que a gestão seja capaz de alocar orçamentos e seguir os custos reais.

▶ **Base de dados de materiais** — Existe muita matéria-prima entre a GCI e a NCL que se deve estender às fábricas da NCL. Os novos bancos de dados de materiais vão precisar de materiais acabados, uma vez que temos muito poucos produtos acabados em comum.

▶ **Processos de produção** — A NCL usa atualmente ordens de produção no seu sistema interno. Não usam folhas PI. Nós planejamos implementar ordens de processo para a NCL, o que vai permitir harmonizar os processos e também beneficiar o uso da folha PI.

▶ **Custos R&D** — A NCL tem uma organização dedicada de pesquisa e desenvolvimento e existe a necessidade de acompanhar o custo das ordens de processo para R&D. Como sabemos, a GCI não tem tanto R&D. Atualmente, emitimos a mercadoria para um centro de custos R&D. Nós propomos usar um novo tipo de ordem de processo para efeitos de R&D. Cada iniciativa R&D será criada como uma ordem de processo para ser apropriada para o centro de custos.

"Isso é muito bom. Estou contente com as recomendações", disse Bruno. "É exatamente isso que a sede está procurando. Obrigado!"

Alex e Elisa esforçaram-se para entender os requisitos da NCL explicados por Frank. Alex estava especialmente orgulhoso por ter incorporado a sua aprendizagem nessa missão especial.

Nota para o leitor: O módulo de SAP Controlling consolida os benefícios da natureza integrada do software do SAP. Enquanto os processos na SAP Finance são muito idênticos na maioria das organizações, o SAP Controlling oferece alguma variedade, uma vez que os requisitos diferem de empresa para empresa. Cada instalação SAP do cliente tem as suas próprias variantes de concepção, mas o objetivo geral é fornecer gestão com visibilidade nos acontecimentos na organização.

Você já deve ter reparado, com base no cenário de aquisição, que quase todos os conceitos que abordamos nos capítulos anteriores eram utilizados para chegar à concepção proposta para a integração da aquisição.

Espero que tenha apreciado essa viagem entusiasmante nessa potente ferramenta!

ESPRESSO TUTORIALS

Você concluiu a leitura deste livro.

A O Autor

Ashish Sampat é um profissional habilitado na área das finanças e custeio, com quase duas décadas de experiência industrial no espaço das SAP Finance e SAP Controlling. Ashish foi Consultor SAP durante quase toda a sua carreira com várias organizações de consultoria e trabalha agora como consultor independente FI/CO SAP. Ele forneceu soluções em várias áreas do SAP Controlling, incluindo o custeio do produto, ledger de materiais e contabilidade de centros de custos para clientes globais em mercadoria embalada para o consumidor, ciências da vida e setores industriais. Nascido e educado na Índia, Ashish vive agora nos subúrbios de Chicago, com sua mulher e seus dois filhos.

B Índice remissivo

C Aviso de isenção de responsabilidade

Esta publicação contém referências a produtos de SAP SE.

SAP, R/3, SAP NetWeaver, Duet, PartnerEdge, ByDesign, SAP BusinessObjects Explorer, StreamWork e outros produtos e serviços SAP mencionados aqui, assim como os respectivos logotipos, são marcas comerciais ou marcas comerciais registradas da SAP SE na Alemanha e outros países.

Business Objects e o logotipo de Business Objects logo, BusinessObjects, Crystal Reports, Crystal Decisions, Web Intelligence, Xcelsius e outros produtos e serviços da Business Objects mencionados aqui, assim como os seus respectivos logotipos, são marcas comerciais ou marcas comerciais registradas da Business Objects Software Ltd. Business Objects é uma empresa SAP.

Sybase e Adaptive Server, iAnywhere, Sybase 365, SQL Anywhere e outros produtos e serviços da Sybase mencionados aqui, assim como os seus respectivos logotipos, são marcas comerciais ou marcas comerciais registradas da Sybase, Inc. Sybase é uma empresa SAP.

SAP SE não é autor nem editor desta publicação e não é responsável pelo seu conteúdo. SAP Group não será responsabilizada por erros ou omissões relativamente aos materiais. As únicas garantias pelos produtos e serviços de SAP Group são as que estão definidas nas declarações de garantia expressas que acompanham esses produtos e serviços, se houver. Nada do que aqui está contido constitui uma garantia adicional.